Nathalie Pascaud

Allaiter consciemment grâce au yoga

Nathalie Pascaud

Allaiter consciemment grâce au yoga
Etre à l'écoute de son maternage

Éditions Vie

Impressum / Mentions légales
Bibliografische Information der Deutschen Nationalbibliothek: Die Deutsche Nationalbibliothek verzeichnet diese Publikation in der Deutschen Nationalbibliografie; detaillierte bibliografische Daten sind im Internet über http://dnb.d-nb.de abrufbar.
Alle in diesem Buch genannten Marken und Produktnamen unterliegen warenzeichen-, marken- oder patentrechtlichem Schutz bzw. sind Warenzeichen oder eingetragene Warenzeichen der jeweiligen Inhaber. Die Wiedergabe von Marken, Produktnamen, Gebrauchsnamen, Handelsnamen, Warenbezeichnungen u.s.w. in diesem Werk berechtigt auch ohne besondere Kennzeichnung nicht zu der Annahme, dass solche Namen im Sinne der Warenzeichen- und Markenschutzgesetzgebung als frei zu betrachten wären und daher von jedermann benutzt werden dürften.

Information bibliographique publiée par la Deutsche Nationalbibliothek: La Deutsche Nationalbibliothek inscrit cette publication à la Deutsche Nationalbibliografie; des données bibliographiques détaillées sont disponibles sur internet à l'adresse http://dnb.d-nb.de.
Toutes marques et noms de produits mentionnés dans ce livre demeurent sous la protection des marques, des marques déposées et des brevets, et sont des marques ou des marques déposées de leurs détenteurs respectifs. L'utilisation des marques, noms de produits, noms communs, noms commerciaux, descriptions de produits, etc, même sans qu'ils soient mentionnés de façon particulière dans ce livre ne signifie en aucune façon que ces noms peuvent être utilisés sans restriction à l'égard de la législation pour la protection des marques et des marques déposées et pourraient donc être utilisés par quiconque.

Coverbild / Photo de couverture: www.ingimage.com

Verlag / Editeur:
Éditions Vie
ist ein Imprint der / est une marque déposée de
OmniScriptum GmbH & Co. KG
Heinrich-Böcking-Str. 6-8, 66121 Saarbrücken, Deutschland / Allemagne
Email: info@editions-vie.com

Herstellung: siehe letzte Seite /
Impression: voir la dernière page
ISBN: 978-3-639-62989-7

Copyright / Droit d'auteur © 2014 OmniScriptum GmbH & Co. KG
Alle Rechte vorbehalten. / Tous droits réservés. Saarbrücken 2014

Allaiter consciemment grâce au yoga

Nathalie PASCAUD

REMERCIEMENTS

Un grand MERCI à mes filles sans qui ce livre n'aurait pas pu voir le jour :
Léa, Eva et Lilou, c'est aussi elles qui m'ont guidée vers le yoga.
Merci à tous mes proches qui m'ont soutenue dans ma démarche.
Merci à Michèle Frégard, qui a guidé ma pratique de yoga pendant de longues années.
Merci à mes élèves qui m'encouragent à continuer.
Merci à Amir Zacria, Florence pour leur attention de tous les instants.
Merci à Corine Miéville qui m'a fait découvrir un yoga tout en douceur.
Merci à Ramajit Sarkar, Colette Poggi et Michel Boureau pour leur approche et leur enseignement.
Merci à Marie Hélène DEMEY et Francine CHICHE pour leur formidable intervention sur les femmes enceintes.
Merci à Sri Aurobindo et Mère qui m'ont apporté un éclairage neuf sur le yoga.
Merci à Ajit et Selvi Sarkar, qui m'ont permis d'approfondir la notion de yoga et qui m'ont donné l'envie d'enseigner le yoga.
Merci à Lionel Coudron pour son approche et son enseignement.
Merci à l'univers d'avoir mis le yoga sur ma route !

PRÉAMBULE

Lorsque j'ai commencé à écrire ce livre, j'avais besoin de faire « le tour de la question » sur l'allaitement avant d'entrer plus en détail sur l'aide que pouvait apporter le yoga. J'y ai regroupé mes connaissances théoriques mais aussi mes expériences pratiques en tant que maman de 3 enfants allaités.

A vous de prendre ce qui vous semble cohérent avec votre philosophie de vie, sachant que nous avons tous notre manière de fonctionner, et ce qui est bénéfique pour moi peut paraître contraignant pour vous. Gardez en tête que chacun fait de son mieux avec ses bagages culturels et familiaux, toujours avec bienveillance.

C'est grâce aux difficultés que j'ai rencontrées, à mes questionnements, mes hésitations et incohérences que j'ai cherché des réponses et des solutions pratiques pour m'aider dans mon quotidien de mère. En les expérimentant, j'en suis venue à ce mode de vie « yogique ».

En tant que lecteur, vous pouvez prendre ce livre quelque soit le chapitre. Dans la première partie qui concerne les mécanismes et bienfaits de l'allaitement, j'ai souhaité donner les principales informations du processus de l'allaitement sans pour autant entrer dans des détails trop techniques ou médicaux (que je ne maîtrise pas d'ailleurs !). Si votre envie est de vous concentrer sur les aspects pratiques du yoga, il s'agit de la seconde partie de livre, ou j'ai choisi de m'appuyer sur les Yoga Sutras de Patanjali, qui constituent pour moi la plus parlante des présentations de la philosophie du yoga. On parlera ici de postures mais aussi de toutes les autres formes de pratiques.

Il est bien évident que ce livre ne se substitue pas à une consultation avec un professionnel de santé, une consultante en lactation ou un traitement médical, il et destiné à être un soutien supplémentaire pour un allaitement serein et en conscience.

Introduction

C'est en souhaitant préparer mon premier accouchement que j'ai découvert la relaxation. Je voulais, à l'époque, donner naissance à ma fille dans une ambiance sereine et sans artifices médicaux. Je me suis donc intéressée « aux méthodes douces » et c'est cette raison qui a orienté mon choix de Maternité. L'approche est restée succincte, quelques brefs instants, durant les cours de préparation à l'accouchement donnés par la sage-femme de l'hôpital. J'y ai découvert un univers jusque-là insoupçonné. En quelques minutes mon corps se détendait, s'apaisait, mes pensées se calmaient et nous nous sentions, moi et mon bébé, tellement bien !

Après la naissance de ma fille, j'ai eu besoin d'approfondir ce que j'avais découvert pendant ces relaxations. Je me suis inscrite au cours de yoga à côté de chez moi. Au fur et à mesure de ma pratique, je m'apercevais du changement qui s'opérait en moi. C'est vite devenu nécessaire dans ma vie de jeune maman active.

L'année suivante, de nouveau enceinte, je décide d'une préparation à la naissance par le yoga. Je continue ma pratique en cours collectif en parallèle d'un suivi personnalisé avec une sage-femme. J'aborde la grossesse sous un nouvel angle, avec une écoute bienveillante de mon corps, sans le subir, mais en l'accompagnant dans ses changements et ses évolutions. Ma seconde fille est née (sans épisiotomie ni péridurale !) avec une maman consciente de son corps et de ses possibilités d'accompagnement dans le don de la vie.

Le yoga était entré dans ma vie doucement mais surement ; il faisait de plus en plus parti de mon quotidien. J'ai donc continué ma pratique en cours collectifs pendant une dizaine d'années. Les enfants grandissaient. Mon métier de Responsable d'un Centre de Bilan de Compétences me satisfaisait de plus en plus partiellement : j'avoue avoir été longtemps intriguée par l'inégalité des résultats, malgré les bienfaits d'un accompagnement au projet professionnel. J'ai donc cherché personnellement des réponses aux freins rencontrés lors de mes entretiens ou en situation de management d'équipe. Mon questionnement m'a orientée vers l'individu lui-même, ses angoisses, son passé, ses choix et son hygiène de vie. Il devenait évident pour moi que je devais évoluer vers quelque chose de plus cohérent avec mon état d'être et de pouvoir le transmettre. Je me suis donc dirigée vers une formation d'enseignant de yoga.

Trois années de formation auprès d'Agit Sarkar, tout d'abord à Paris puis en Inde à Pondichéry, ont réellement confirmé mon choix professionnel. Malgré un cursus complet qui m'a énormément appris sur les pratiques et la philosophie yogiques, il me manquait encore quelque chose pour accéder à la transmission du yoga. C'est en lisant « La Yoga-Thérapie » du Dr Lionel Coudron, que j'ai enfin compris les principes qu'il fallait que j'acquière. Et comme dit le proverbe : « Lorsque l'élève est prêt, le maître apparaît» ; j'ai découvert peu de temps après qu'il existait une formation de Yoga –Thérapie à laquelle je me suis empressée de m'inscrire !

En parallèle de ces formations, ma dernière fille a vu le jour. Tout comme ses sœurs, j'ai souhaité l'allaiter, mais cette fois –ci, je me suis rapprochée d'une association concernant l'allaitement maternel, la Leche League, dont je suis finalement devenue animatrice.

Mes connaissances tant dans le yoga que dans l'allaitement m'ont effectivement confirmées l'intuition que j'avais : le yoga peut jouer un rôle important dans le bon déroulement de l'allaitement. Il m'est devenu évident qu'il fallait que j'approfondisse ces pistes. Mes premières recherches me laissent pantoise : il n'existe pas de documentation précise liant ses deux thèmes, alors que mon expérience personnelle de trois allaitements m'en a apporté la preuve : le yoga est une vraie solution de soutien pour un allaitement réussi !
Ce livre présente les réponses aux questions « mécaniques » de l'allaitement que j'ai pu me poser en tant que mère, mais il apporte aussi des solutions concrètes à mettre

en place facilement dans son quotidien de jeune maman pour se sentir bien et accompagner cet enfant le mieux possible dans cette nouvelle vie.

PREMIERE PARTIE
LES PRINCIPES DE L'ALLAITEMENT

LA NAISSANCE ET L'IMPORTANCE DE LA TÉTÉE

Afin de comprendre l'enjeu que peut apporter le yoga dans le bon déroulement de l'allaitement, commençons par découvrir ce qu'il se passe lors de la naissance.

Si nous partons d'un cadre général, tout mammifère, à la naissance est doté d'un réflexe qui l'oriente naturellement vers le sein (ou la mamelle) de sa mère. Chez les animaux, les mères guident leurs petits par des léchages pour qu'ils arrivent à leurs premières tétées. Ces contacts physiques sont primordiaux, car sans ceux-là, de nombreux mammifères ne s'occuperaient plus de leur progéniture. Une fois la mamelle trouvée, le ou les petits seront choyés et auront toujours suffisamment de lait pour grandir dans de bonnes conditions.

LES RÉFLEXES

Le premier, le réflexe de fouissement, qui se fait chez tous les mammifères, existe également chez le nouveau-né. Il sait spontanément se diriger vers le sein et prendre le mamelon. Ces premiers gestes sont importants dans la relation naissante d'une mère à son enfant. Et le nourrisson réagira de la même manière qu'un petit animal, si on le laisse faire et dans la mesure où l'accouchement a été naturel.

Une fois sur le ventre de sa mère, le nourrisson peut prendre quelques instant pour se reposer ou bouger tout de suite de lui-même ; il va ramper, s'aider de ses pieds et de ses bras, et surtout de son odorat pour se hisser jusqu'au mamelon. De là, le bébé ouvre spontanément la bouche dans le but d'assouvir son reflexe de succion. Il peut aussi juste renifler le sein de sa mère et attendre quelques instants avant sa véritable première tétée.

Ces automatismes oraux apparaissent déjà chez l'embryon de 8 semaines. Ils sont dépendants de la partie inférieure du cerveau, le tronc cérébral. La succion représente un marqueur important de sa maturité physiologique sous-corticospinal.

D'après Benjamin McLane Spock (pédiatre américain, psychiatre et psychanalyste, qui a écrit en 1946 "Baby and Child care"), ce n'est que vers l'âge de 6 mois que ces réflexes se transforment progressivement en mouvements volontaires.

Selon Thomas Berry Brazelton (pédiatre américain), la succion est corrélée aussi au sentiment de réconfort car le nourrisson dispose essentiellement de cette ressource pour évacuer ses tensions, se protéger et se rassurer.

Quant à Margaret Mead (anthropologue américaine connue pour être très engagée, qui a participé activement à promouvoir la dimension humaniste de l'anthropologie), elle a signalé n'avoir jamais vu un enfant sucer son pouce dans les peuplades primitives où le bébé est mis au sein dès qu'il crie.

En outre, des chercheurs ont découvert que les anesthésiques donnés pendant l'accouchement peuvent influencer l'habilité du nourrisson à aller de lui-même vers le sein maternel, car il aura plus de risque d'être léthargique et aura des difficultés à coordonner ses mouvements de succions.

Les forceps et les ventouses peuvent également causer des lésions crâniennes au nouveau-né ce qui peut rendre la tétée inconfortable et voire difficile.

D'autre part, certains gestes médicaux séparent rapidement l'enfant de sa mère, et de ce fait, altère entre autre la qualité de l'allaitement. Un article de Régine PRIEUR, Sage-femme, psychologue clinicienne au CHIC de Moissac, publié dans les Dossiers de l'Allaitement numéro 62, concernant les aspirations systématiques en salle de naissance nous donne des informations importantes quant aux conséquences d'une séparation précoce mère-enfant :

-« Righard et Alade (1990) ont étudié 38 nouveau-nés « contact », ayant bénéficié d'un contact peau à peau pendant au minimum une heure, et les ont comparés à 34 nouveau-nés « séparation », qui ont bénéficié de 20 minutes de contact, ont ensuite été éloignés de la mère pour les soins de routine (dont une aspiration), avant d'être rendus à leur mère. 24 des 38 nouveau-nés du groupe « contact » tétaient correctement 49 minutes après la naissance, contre 7 des 34 nouveau-nés du groupe « séparation ».

- Une méta-analyse pour sa rigueur largement reconnue, publiée par la Cochrane Library (2003), sur l'effet du contact peau à peau. Elle a analysé 17 études, incluant 806 mères. Elle a constaté, chez les enfants qui avaient bénéficié d'un contact peau à peau précoce, une durée plus longue d'allaitement, une meilleure stabilisation de la température, une glycémie plus élevée, une fréquence plus basse de pleurs chez les nourrissons, et une meilleure interaction mère-enfant. »

Dans le même ordre, il n'est pas primordial de donner un bain immédiatement après la naissance car cela enlève le vernix du nourrisson qui joue le rôle de barrière naturelle contre toute infection cutanée bénigne.
Il n'a même pas été démontré qu'il était utile d'aspirer les glaires des nourrissons nés à terme et en bonne santé ; au contraire, certaines études disent le contraire :

-Carrasco et al (1997) ont effectué une étude sur 30 nouveau-nés : 15 aspirés contre 15 non aspirés. Les nouveau-nés aspirés avaient une SaO^2 plus basse entre la 1ère et la 6ème minute et ont mis plus longtemps pour atteindre 86% et 92% de saturation.
-Estol et al (1992) ont effectué une étude randomisée sur 40 nouveau-nés normaux nés par voie basse et à terme. Ils ont mesuré les paramètres respiratoires à 10, 20 et 30 mn après naissance, et ont constaté des résultats identiques chez tous les enfants, aspirés et non aspirés. Ils concluaient qu'il n'y avait pas de base physiologique pour recommander la désobstruction. DA 62 : Aspiration systématique en salle de naissance ? Nécessité sécuritaire ou croyance mystique ? Publié dans les Dossiers de l'Allaitement numéro 62
Les premières heures qui suivent la naissance sont effectivement cruciales pour la mise en place de la relation mère-enfant. Cette période charnière est le moment où la mère et son nourrisson sont surchargés d'hormones spécifiques à l'attachement

maternel. Or tous ces neuro-hormones et neurotransmetteurs, qui sont impliqués dans le processus de l'attachement, proviennent du système limbique, le « cerveau des émotions » et nous verrons dans le prochain chapitre le lien important qu'il y a entre les émotions maternelles et le bon fonctionnement de l'allaitement et en quoi le yoga y joue un rôle.

LES AVANTAGES DE L'ALLAITEMENT

<u>POUR LE BÉBÉ</u>

Dès sa première tétée, le nourrisson absorbe le colostrum, que l'on peut considérer comme un nectar de vie, tant dans sa valeur nutritionnelle que relationnelle.
En effet, le colostrum est empreint de l'odeur de la maman, ce qui permet au bébé d'être guidé vers le sein maternel instinctivement et de déclencher les hormones de l'attachement.

De plus, il contient tous les nutriments nécessaires à son adaptation au monde extra-utérin. Le colostrum est riche, entre autre, en sels minéraux (qui favorise la rétention d'eau donc limite la perte de poids) et en nutriments assimilables directement (ce qui limite la consommation d'énergie).
En cas de prématurité, le lait est plus riche en protéines et en acides gras polyinsaturés à chaîne longue, donc assimilables plus facilement lors du métabolisme.

Puis le colostrum laisse progressivement la place au lait.
Celui-ci apporte tous les nutriments nécessaires à une croissance harmonieuse :
-du lactose pour ses besoins énergétiques et sa croissance cérébrale,
-des glucides comme source d'énergie et de réserve pour l'organisme,
-des protéines pour la construction cellulaire, hormonale, immunologique et la multiplication des tissus,
-des acides gras essentiels, EPA (acide eicosapentaénoïque), DHA (acide docosahexaénoïque) et cholestérol, pour la croissance du cerveau, de la rétine, des

membranes cellulaires et cardiovasculaires,
-des vitamines pour aider à lutter contre des infections en renforçant l'organisme, pour participer au métabolisme de nombreux nutriments et micronutriments et à la maturation de certaines cellules et tissus.

La composition du lait maternel s'adapte en permanence aux besoins de l'enfant, et ce tout au long de la journée. Le lait n'a pas la même composition du début à la fin de chaque tétée ; en effet, ces éléments passent dans un ordre bien défini : eau, glucides, puis protides, puis lipides.

En début de tétée, le lait maternel est composé de beaucoup d'eau et de sels minéraux ce qui permet au bébé de se désaltérer (et c'est pourquoi il n'est pas nécessaire de compléter par des biberons d'eau les enfants uniquement allaiter).
Puis la proportion de glucides directement assimilables par l'organisme augmente, d'abord les oligosaccharides, qui sont des prébiotiques, des composés qui exercent une stimulation sur les micro-organismes du côlon et jouent un rôle dans la croissance de la flore protectrice de la muqueuse intestinale, empêchant l'adhérence des microbes aux parois (ces sucres très particuliers existent dans très peu de sortes de laits de mammifères), puis le lactose constitué de glucose et de galactose, le glucose est destiné aux cellules cérébrales, musculaires, graisseuses et intestinales et le galactose joue un rôle essentiel dans la construction du cerveau, le maintien d'une glycémie stable et l'épuration de la bilirubine.

En milieu de tétée, les protéines augmentent en quantité. Elles sont nécessaire à la construction du cerveau humain et pour l'absorption intestinale du fer et des agents anti-infectieux. Par contre, le lait maternel est exempt de β-lactoglobuline, une protéine du lait de vache extrêmement allergisante pour l'être humain.

Or, il faut 100 jours pour que l'intestin du bébé mette en place une barrière anti-allergique efficace contre les protéines non humaines. Avant ce moment, tout apport alimentaire différent du lait de mère est reconnu comme étranger par l'organisme et crée un risque d'intolérance.

À la fin de chaque tétée, les lipides se concentrent de plus en plus dans le lait, ils jouent un rôle dans la myélinisation du système nerveux, l'acuité de la vision, au niveau cardio-vasculaire et cérébral et pour la synthèse d'hormones. Les lipides donnent au bébé un sentiment de satiété. C'est le signal de fin de tétée pour le bébé. C'est pourquoi il faut laisser téter le bébé suffisamment longtemps à chaque sein pour qu'il ait tous les nutriments nécessaires.

Le lait maternel est également primordial pour la constitution de la flore intestinale du bébé et donc de son immunité. Tout se joue dès les premiers instants : le tube digestif du nouveau-né, jusqu'alors stérile, est façonné par les aliments qu'il ingère. En quelques semaines, le bébé établit sa flore bactérienne. Cette flore est essentielle pour apporter des réponses immunitaires favorables, pour empêcher la prolifération de bactéries pathogènes, faciliter la destruction des germes pathogènes, inhiber l'adhésion des germes aux parois intestinales et diminuer la perméabilité de la muqueuse. A tout moment ces éléments de défense s'adaptent à l'environnement microbien de la mère pour protéger l'enfant.

De plus, le lait maternel est le meilleur traitement anti-infectieux intestinal (les bébés allaités sont moins atteints par les gastro-entérites, les diarrhées graves, les risques d'allergies alimentaires et cutanées) et est donc un moyen de prévention dans les maladies auto-immunes.

Par ailleurs, l'allaitement met en jeu un processus de succion qui demande au bébé un mouvement buccal bien spécifique.
Le bébé va utiliser ses lèvres pour la succion, sa langue pour attirer le mamelon et stimuler les récepteurs aréolaires pour acheminer le lait vers la gorge, ses joues et ses mâchoires pour créer la dépression intra-buccale.

L'allaitement a un impact important sur le développement des structures crânio-faciales.

Il permet une croissance osseuse normale du massif facial, le placement correct des dents, et prévient les malocclusions. Et du développement des structures faciales dépend celui des cavités nasales. Toute anomalie du palais retentira sur les voies aériennes supérieures, avec un impact sur les capacités respiratoires pouvant être très important.

Les bébés allaités parviennent donc mieux à synchroniser les mouvements de succion-déglutition-respiration.

Or le mouvement que doit faire le bébé pour se nourrir au biberon n'a rien à voir avec celui qu'il fait au sein : pour téter, le bébé devra sortir la langue sous l'aréole et la rentrer avec un mouvement d'ondulations. La déglutition se fait langue sortie. S'il suce une tétine, il pince et aspire et la déglutition se fait langue au palais.

Et à la naissance, bébé ne sait que téter. C'est pourquoi, pour un bon démarrage de l'allaitement, il est néfaste de le perturber par l'apprentissage de la succion du biberon.

Si nécessaire, un apport éventuel de lait maternel ou de médicaments peut se faire à la cuillère, à la paille ou à la tasse.

POUR LA MAMAN

L'allaitement maternel est indéniablement bénéfique pour le bébé, mais il a également un impact considérable sur la physiologie de la maman.

Il modifie physiologiquement le périnée : il abaisse, à court terme, le risque d'hémorragie post partum par la contractilité de l'utérus, et à long terme, limite le risque du cancer du sein et des ovaires, et joue un rôle dans la densité osseuse.

D'ailleurs, le risque de cancer du sein est inversement corrélé à la durée totale de l'allaitement : L'étude *Prolonged breasfeeding reduces risk of breast cancer in Sri Lankan women : a case-control study. De Silva M et al. Cancer Epidemiol 2010* évalue les relations entre la durée de l'allaitement et le risque de cancer du sein chez des femmes sri lankaises âgées de 30 à 64 ans.

D'autre part, l'étude *Exclusive breastfeeding and the risk of postpartum relapses in women with multiple sclerosis. Langer-Gould A et al. Arch Neurol 2009* évalue l'impact de l'allaitement exclusif sur le risque de poussée de Sclérose En Plaque (SEP), et si cet impact est en rapport avec l'aménorrhée lactationnelle. Les résultats permettent de penser que l'allaitement exclusif, ainsi que l'aménorrhée lactationnelle qu'il induit, abaisse significativement le risque de poussée de SEP en post-partum.

L'étude Duration of lactation and incidence of myocardial infarction in middle to late adulthood. Stuebe AM, Michels KB, Willett WC et al. Am J Obstet Gynecol 2009 a constaté que chez la femme, la lactation avait un impact sur le métabolisme de la mère allaitante, en particulier l'homéostasie glucidique et lipidique, et que les hormones de l'allaitement pouvaient réguler la tension artérielle et abaisser la sécrétion d'hormones de stress.

Cette même étude constatait également une relation inverse entre la durée totale de l'allaitement chez une femme et le risque d'infarctus du myocarde chez cette même femme, relation qui était indépendante des autres facteurs de risque connus pour cette pathologie.

Des études au Canada en 2005 (Breastfeeding : soothes baby and mom. Douglas Hospital Research Centre) ont constatées que l'allaitement avait un effet calmant sur les mères et abaissait le niveau de réponse au stress. L'impact serait également sur la qualité des soins apportés au bébé.

Emotionnellement, l'allaitement donne confiance, augmente le sentiment d'accomplissement et de compétence, avec un degré moindre de dépression post partum chez les femmes allaitantes.

L'allaitement est aussi une méthode de régulation des naissances (méthode MAMA) sous certaines conditions : enfant de moins de 6 mois, exclusivement allaité, maman qui n'a pas eu son retour de couche ; uniquement dans ce cas, le risque de grossesse est évalué selon les études est de 0 à 1.5 %.

« L'allaitement est affaire de relation entre la mère et le bébé, c'est la mise en pratique d'une relation d'amour entre deux êtres humains. »

Dr Winnicott

LE PROCESSUS DE LA LACTATION

ANATOMIE DU SEIN

Chez la petite fille, la glande mammaire, est au repos pendant l'enfance. Au moment de la puberté, elle va se développer progressivement puis subir durant chaque cycle menstruel une séquence bien définie de modifications.

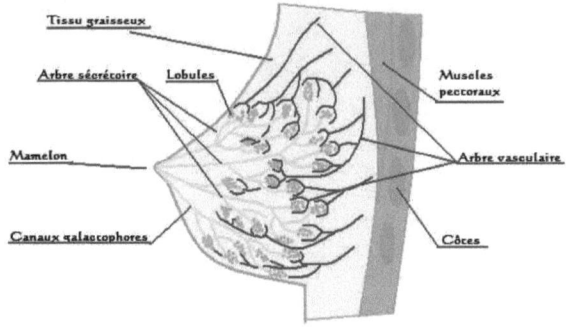

Figure a : Anatomie du sein

Les seins contiennent les glandes mammaires entourées de tissus graisseux, ceux-ci conditionnant la grosseur du sein.

Ils reposent sur une couche musculaire, les muscles pectoraux, recouvrant eux-mêmes la paroi thoracique. Ils sont soutenus passivement par un système constitué par la peau et des fibres pénétrant à l'intérieur de la glande et participant ainsi à leur maintien.

C'est un tissu hétérogène où coexistent des structures canalaires, glandulaires, fibro-conjonctives et adipeuses enchevêtrées.

Tout ce système est organisé autour d'un arbre galactophorique présent dès la naissance et quel que soit le sex

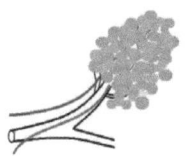

Figure b : Lobule

La glande mammaire comporte une vingtaine de lobes, eux-mêmes constitués de lobules, l'arbre sécrétoire, à l'intérieur duquel se trouvent entre 10 et 100 alvéoles, appelées acini. Un acinus est une sorte de poche dans laquelle le lait est fabriqué.

On sait maintenant que le lait est fabriqué en continu par ces alvéoles et qu'il y est stocké en attendant d'être éjecté vers le mamelon lors de la tétée. La capacité de stockage
des seins est très variable d'une femme à l'autre. Le lait arrive dans les acini et s'écoule par les canaux galactophores.

Figure c : Alvéole.

L'arbre vasculaire est un réseau de vaisseaux sanguins qui entoure chaque acinus et qui se développe pendant la grossesse. Des éléments du sang passe de ces vaisseaux à travers les acini pour fabriquer du lait.

Les arbres sécrétoires et vasculaires sont entourés de petites fibres musculaires qui se contracteront au moment de la tétée pour permettre l'éjection du lait.

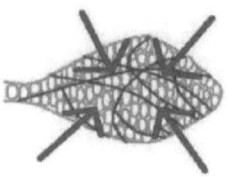

Figure d : Contraction des alvéoles

Au bout des canaux galactophores excréteurs, se situe le mamelon. L'allaitement est tout de même possible même si le mamelon est peu ou pas formé. Il est de nature érectile entre autre par la stimulation de la bouche du bébé au cours de la tétée.

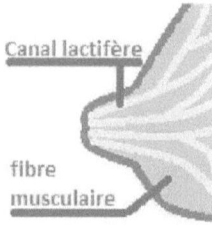

Figure d : le mamelon

L'aréole est la zone la plus pigmentée du sein, sur laquelle apparaissent dès le début de la grossesse et pendant toute la durée de l'allaitement, les tubercules de Montgomery : ce sont des glandes de graisse qui sécrètent une substance hydratante et protégeant la peau de l'aréole et du mamelon afin qu'elle ne soit pas agressée par la salive du bébé et qui produisent un « concentré d'odeur » spécifique de la mère, attractif pour bébé. Tout autour de cette zone sont situés des récepteurs sensitifs que la bouche du bébé stimule.

Dès le début de la grossesse, les seins s'adaptent à leur nouvelle fonction nourricière. L'arbre sécrétoire et l'arbre vasculaire se développement. Au cours du 2eme trimestre de grossesse, le sein est prêt à fabriquer du lait, mais sans pouvoir en contenir aucune réserve.

LA LACTOGÉNÈSE

La période de la lactation est divisée en 2 cycles:

LA LACTOGÉNÈSE DE TYPE 1

A partir du milieu de la grossesse, jusqu'aux 3 premiers jours après l'accouchement, c'est la période où les jonctions intercellulaires sont ouvertes et où est fabriqué le colostrum, le premier lait sécrété par la mère. L'ouverture des jonctions intercellulaires permet la réabsorption de la sécrétion lactée dans les alvéoles pendant la grossesse. Sur le plan biologique, elle se traduit par la présence de lactose dans le sang et/ou les urines de la mère et par une concentration élevée de sodium dans le lait.

En effet, dès le 5ème mois de grossesse, le développement des canaux galactophores se produit sous l'action des œstrogènes et la progestérone (hormones d'origine ovarienne et placentaire).

En parallèle, la prolactine, hormone hypophysaire, a un effet lactogénique (stimulation de la synthèse du lait). Cela explique que certaines femmes enceintes voient perler quelques gouttes de colostrum dès le second trimestre de grossesse.

Jusqu'à l'accouchement, la prolactine est bloquée par les hormones placentaires. C'est lorsque le placenta est expulsé que le taux de progestérone chute et que l'inhibition de la prolactine est levée pour agir sur les glandes mammaires.

Si après la naissance d'un bébé, on ne l'allaite pas, le taux de prolactine chute dans les deux semaines qui suivent.

Si la maman allaite, le taux de prolactine va diminuer progressivement mais se maintenir à un niveau un peu plus élevé que lorsqu'on n'est pas en train d'allaiter.

S'ensuit la montée de lait du troisième jour. Le lait est ensuite sécrété en continue dans les alvéoles et y reste stocké jusqu'à la prochaine tétée.

Enfin, sous l'effet de la succion du mamelon, l'ocytocine (autre hormone aussi sécrétée par l'hypophyse), favorise le mécanisme musculaire d'évacuation du lait.

L'ocytocine ne permet pas seulement l'évacuation du lait ... Elle permet également de produire les contractions de l'utérus au moment de l'accouchement. Ces contractions continuent après l'accouchement, pour permettre à l'utérus de reprendre sa taille initiale. Donc, il n'est pas rare que ces contractions "tranchées" aient lieu pendant la tétée, alors que le bébé stimule la sécrétion d'ocytocine.

Comme nous l'avons déjà dit, le premier lait sécrété par la mère après l'accouchement s'appelle le colostrum. C'est un lait épais, translucide et coloré. Son volume passe environ de 30 ml le premier jour à 500 ml par jour le 5ème jour, il est adapté à la taille de l'estomac du nourrisson (à la naissance, l'estomac du bébé ne peut contenir que 5 à 7 ml de lait à la fois, qui correspond à la taille de la dernière phalange de notre pouce !).

Il contient tous les nutriments dont le nouveau-né a besoin, avec une très bonne capacité d'assimilation et une faible production de déchets non digérés.

Le colostrum est abondant en cellules vivantes et anticorps qui protègent le bébé contre les agressions microbiennes du milieu ambiant. Il contient beaucoup de protéines, des facteurs de croissance, des sucres facilement assimilables (oligosaccharides), des vitamines, des sels minéraux et des acides aminés libres. Il a également un rôle laxatif pour évacuer le méconium, déchets avalés par le bébé in utéro, stockés pendant la grossesse dans l'intestin du bébé.

LA LACTOGÉNÈSE DE TYPE 2

C'est la période où les jonctions intercellulaires se ferment et le volume du lait augmente rapidement : les tétées fréquentes dans les débuts de l'allaitement vont provoquer une augmentation du nombre de récepteurs de la prolactine qui se maintiendront pendant tout la période de l'allaitement.

Après les premiers jours, la consistance se fluidifie, le volume augmente légèrement, la proportion des composants se modifie. C'est le lait de transition (ou colostral), un mélange de colostrum et de lait à maturité. Au bout de 2 à 3 jours, au moment de ce qu'on appelle la « montée de lait », le volume de lait produit augmente brusquement :

- 30 à 50 ml le deuxième jour ;
- 100 à 150 ml le troisième jour ;
- 600 ml vers deux semaines.

Le lait devient plus blanc. Environ 14 jours après la naissance, c'est le lait à maturité qui est produit (qui prend souvent un aspect bleuté, parfois translucide, ce qui ne signifie pas une baisse des qualités nutritives). Avec l'âge du bébé, le lait continue à augmenter en volume (mais même plus grand, il ne boira guère plus de 180 ml à chaque tétée, chaque femme produisant environ 750 ml de lait/ 24h). La composition correspond à l'âge et aux besoins du bébé.

De manière générale, pendant que le bébé tète un sein, le lait arrive au niveau des mamelons dans l'autre sein, puis il repart en arrière. Il reste stocké ensuite dans les alvéoles ou les canalicules.

La capacité de stockage du lait est très variable entre les femmes, cela conditionne la fréquence des tétées. Ceci est notamment dû au nombre de lobes dans chaque sein. Le lait est produit essentiellement entre les tétées, le bébé qui tète boit d'abord le lait stocké, puis le lait est produit en direct. En moyenne le bébé boit 76 % du lait stocké, il reste donc du lait dans les seins après la tétée. Grâce à une protéine présente dans le sein, la régulation de la production de lait se fait au niveau local et à chaque tétée.

Et pour qu'il y ait une bonne mise en place de la lactation, il est nécessaire d'avoir :
- un taux de prolactine élevé,
- l'absence d'inhibiteurs de la lactation,
- des tétées fréquentes,
- une position d'allaitement ergonomique et confortable,
- un bon réflexe de succion.

LE LAIT

Le lait maternel ne peut être sécrété que sous certaines conditions. C'est un phénomène reflexe neuro-hormonal contrôlé par la région hypothalamo-hypophysaire, avec une boucle de rétrocontrôle comme tout système endocrinien.

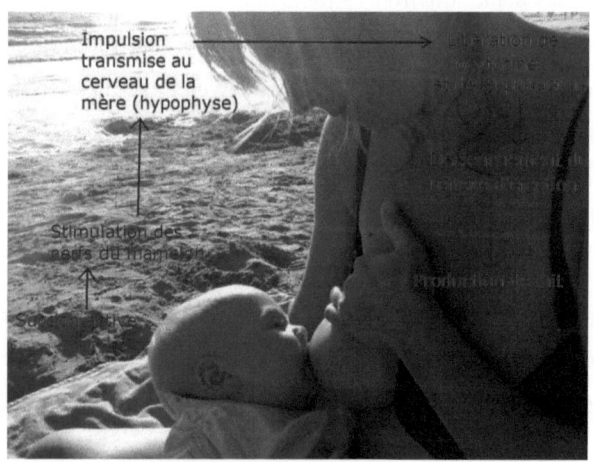

Il doit d'abord y avoir un facteur mécanique, la succion du bébé, pour activer les terminaisons nerveuses de l'aréole du mamelon.

L'impulsion nerveuse remonte jusqu'au cerveau au niveau de l'hypothalamus (qui intervient dans la régulation du système nerveux autonome). L'hypothalamus, en lien avec l'hypophyse, synthétise et libère des hormones hypothalamiques, l'ocytocine et la prolactine (ce qui explique l'influence des émotions sur la production de lait).

Quand le bébé tète, l'hypothalamus fait chuter la dopamine. Cette hormone étant un inhibiteur de la prolactine dans l'hypothalamus, la tétée va donc libérer la prolactine et produire le lait. Le pic de prolactine dure 45 minutes après la tétée, et le taux redevient normal dans les trois heures qui suivent.

La prolactine quant à elle, déclenche la production du lait. Ces récepteurs des cellules lactifères peuvent se multiplier au cours du premier mois de lactation, d'où une augmentation de la production de lait. Au niveau de la cellule mammaire, la prolactine stimule la biosynthèse des protéines, des lipides et des glucides du lait.
La sécrétion de prolactine présente des variations journalières physiologiques. Un pic de sécrétion étant observé au cours du sommeil profond.

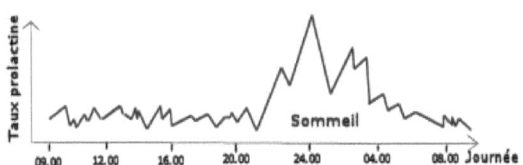

Figure 6 : Cycle de la prolactine au cours de la journée

L'ocytocine, pour sa part, contrôle le réflexe d'éjection et permet le transfert du lait vers le bébé.

L'ocytocine arrive par la circulation sanguine et provoque la contraction des cellules myo-épithéliales qui entraine l'éjection du lait.

Le délai de "fabrication" du lait - entre le moment où le bébé commence à téter, et le moment où le lait arrive dans sa bouche - est de 30 secondes à 1 minute (parfois plus quand des facteurs de stress rentrent en ligne de compte ...) et chute six minutes après la fin de la stimulation. Les femmes ont en moyenne 2,2 réflexes d'éjection par tétée, soit environ 75 % des mères qui ont plus d'un réflexe d'éjection par tétée. Un tiers des mères ne ressentent pas le réflexe d'éjection, et la plupart ne sentent pas non plus les réflexes qui suivent le premier.

Toutefois, certaines émotions (pleurs de bébé par exemple) peuvent provoquer sa sécrétion instantanément, tout comme le contact peau à peau ; par contre, le stress, la douleur, les émotions négatives vont diminuer ce réflexe.

IMPACT DU YOGA SUR L'ALLAITEMENT

Comme nous l'avons dit précédemment, une bonne mise en place de la lactation dépend de plusieurs facteurs sur lesquels le yoga va pourvoir avoir une influence :

1. Maintien d'un taux élevé de prolactine :
- des tétées fréquentes qui maintiennent la lactogénèse, la production de lait (cf. : paragraphe suivant), d'où l'importance d'une disponibilité maternelle importante,
- un stress modéré (celui de l'accouchement !) qui augmenterait également la sécrétion de prolactine. Bien évidemment, le yoga y joue un rôle de régulateur par un meilleur « accompagnement » des contractions, de la conscience de chaque instant de l'accouchement. D'autres facteurs permettent aussi de modérer le stress lié à la naissance : il s'agit tout d'abord de la présence bienveillante du papa ou d'une personne proche, puis de l'équipe qui entoure la maman lors de son accouchement.

2 Absence d'inhibiteurs de la lactation :

Comme la réduction de la synthèse de la prolactine est induite par la dopamine, on peut également jouer sur la limitation de sécrétion de dopamine.

En réponse à l'augmentation du taux de prolactine circulant, l'hypothalamus augmente sa sécrétion de dopamine qui agit en réduisant la synthèse, par l'hypophyse, de prolactine. Ce type d'action est appelé feed-back négatif (ou rétrocontrôle négatif), et est un mécanisme physiologique observé à de nombreux niveaux dans notre corps, et qui permet de réguler les sécrétions hormonales, dans le but de maintenir un taux stable de ces hormones et d'éviter les excès de sécrétions.

En cas d'anxiété, de grandes quantités de dopamine sont produites, elles entrainent une fixation sur la source de crainte et préparent le corps à une réaction rapide. Donc si une maman est fortement stressée, elle produit beaucoup de dopamine, qui va donc limiter la sécrétion de prolactine et donc la production de lait maternel.

Cette régulation de la dopamine peut être améliorée par la pratique globale du yoga (conseils, postures, respirations, méditations) qui joue entre autre sur le système nerveux autonome (sympathique et parasympathique) et les 3 cerveaux (reptilien, limbique et néocortical).

3 Des tétées fréquentes :

Au-delà « du mécanisme de la tétée », pour conserver des tétées fréquentes, il est nécessaire que la femme soit suffisamment disponible physiquement et intellectuellement pour donner le sein à son enfant aussi souvent que celui-ci en a besoin.

Pendant l'allaitement, c'est la mère qui prévaut sur la femme, toute l'attention est centrée sur l'enfant. Cette préoccupation maternelle exclusive et primaire peut être étouffante et donc mal vécue par la femme qui ne se « reconnait plus », ni physiquement (on parle souvent et on valorise les changements physiques pendant la grossesse, mais après, on ne retrouve pas notre ligne aussi rapidement que l'on pouvait l'imaginer et on n'a plus l'excuse d'être enceinte …), ni intellectuellement (plus aucun ou moins d'intérêt pour son activité professionnelle, son mari ou le reste du monde, si ce n'est notre fabuleux et magnifique bébé, d'ailleurs on ne parle que de lui !).

Pratiquer le yoga régulièrement permet de garder la conscience de son corps, de ses pensées, d'en être observateur et d'accompagner avec bienveillance ses changements.

4 Une position d'allaitement ergonomique et confortable :
Dans le yoga et surtout dans la pratique des asanas (postures), il est primordial de se positionner correctement. Toute la complexité réside dans la prise de conscience de l'ensemble de son corps, de l'observation de ses propres mouvements (et d'éventuels gestes « parasites »), des tensions ou relâchements musculaires ou du maintien de la posture. Une maman sensibilisée à cet état d'esprit fera attention à sa position lors de ses allaitements, elle adaptera son assise pour soulager son dos et positionner son bébé de manière confortable pour eux deux.

5 Un bon réflexe de succion :
Le yoga n'aura ici que peu de place puisqu'il s'agit uniquement du reflexe du bébé. Cependant, une maman à l'écoute d'elle-même et de son nouveau-né pourra s'apercevoir plus rapidement s'il y a des difficultés et si elles viennent du réflexe de succion de son enfant ou de sa lactation et pourra donc corriger d'elle-même ou se faire aider plus rapidement.

Au-delà de ces facteurs précis, la pratique du yoga, dans sa philosophie et ses recommandations, va permettre d'apprendre à la jeune maman de relativiser les choses, d'accepter ses changements physiques et psychologiques et surtout de se rendre disponible à tout moment et dans les meilleures conditions.

La pratique des asanas va lui permettre d'être à l'écoute de son corps, prendre conscience de ce qu'elle ressent au niveau :
-des manifestations physiques (détente musculaire ou tensions, douleurs ou contact agréable avec la peau, …),
-d'expressions émotionnelles et psychiques (joie ou angoisse, gratitude ou agitation mentale, apaisement ou anxiété, …),
-des sensations (chaud ou froid, lourd ou léger,…).

Si ses perceptions intérieures sont agréables, la maman va se sentir bien : l'énergie (appelée prana en yoga) circule ; si elles sont désagréables, elle va se sentir mal : l'énergie est bloquée.

Et d'après Antonio Damasio (chef du département de neurologie au Collège de médecine de l'Université de l'Iowa et professeur adjoint au Salk Institute de La Jolla, ; connu pour ses travaux sur le cerveau humain, dont il explore la complexité, notamment au regard de la mémoire, du langage et des émotions), toutes ces perceptions sont logées dans le cortex cingulaire, dont le rôle est d'être une interface importante entre l'émotion et la cognition, plus précisément dans la transformation de nos sentiments en intentions et en actions.

Henri Laborit (Médecin chirurgien, neurobiologiste et spécialiste du comportement humain, qui s'est fait connaître du grand public par la vulgarisation des neurosciences, notamment par le livre Éloge de la fuite) explique que, comme le cerveau est fait pour agir, il est programmé pour conduire des actions face à des situations, mais il ne sait pas gérer les émotions qui ne sont que des réactions instinctives qui contribuent à développer un comportement adapté à une situation donnée. Les principales émotions sont la joie pour favoriser un processus d'apprentissage et renforcer un comportement, la colère pour influencer, la peur pour combattre, fuir ou se soumettre, la tristesse pour combler un manque, le dégout pour rejeter ce que l'on n'apprécie pas.

Un exemple : si vous avez peur de tomber, le stress monte, le cerveau ne sait pas quoi faire avec la peur. Il sait, par contre, que l'attaque, la fuite ou l'immobilisme ne sont pas adapter comme réaction. Néanmoins, il sait très bien réparer un os cassé, arrêter une hémorragie ; et comme il a « entendu » le terme « tomber », alors pour baisser son niveau de stress, il s'arrange pour vous faire tomber et ensuite il répare les dégâts. Ce faisant, il a éliminé la peur de tomber.

Car, et ceci est bien expliqué dans le livre de Daniel Goleman, « L'intelligence émotionnelle », la pensée fonctionne non seulement sur la base d'informations réelles, mais aussi sur des informations imaginaires, virtuelles ou symboliques. Et le cortex ne fait pas la différence entre le réel et l'imaginaire : que l'on ait un jus de citron dans la bouche ou que l'on pense simplement l'avoir en bouche, c'est, pour le cerveau, du pareil au même, la preuve : vous êtes déjà en train de saliver !

De même, quand on porte la pensée dans une partie du corps, la région observée est modifiée en fonction de l'intention que l'on y a portée :

-si elle est neutre ou bienveillante, l'énergie qui circule dans le corps est positive,
-si son regard intérieur est chargé de peur, de ressentis négatifs, de douleur émotionnelle, l'énergie ne circule plus ou mal et c'est pourquoi nous pouvons ressentir la peur dans le ventre, le stress dans les épaules, en avoir plein le dos, la tristesse dans le cœur et toute la poitrine.

Donc, si notre plus grande peur est de ne pas avoir de lait pour notre bébé, le cerveau va entendre « je n'ai pas de lait » et envoyer cet ordre à notre corps. Conclusion : nous n'avons pas ou peu de lait !

« Là où va la conscience, va l'énergie »
Hatha Yoga Pradipika, chap. 4 verset 21.

Grâce à une pratique régulière du yoga, il sera donc possible de canaliser le mental et ses pensées, d'évacuer les tensions musculaires et donner à son enfant toute la disponibilité dont il a besoin dès sa naissance.

DEUXIEME PARTIE

LES YOGA SUTRAS

POUR ALLAITER

J'ai choisi de m'appuyer maintenant sur les textes yogiques pour la mise en pratique et plus particulièrement de suivre les conseils prônés dans les Yoga Sutras de Patanjali.

Car selon Patanjali, le but du yoga est d'apprendre à contrôler les fluctuations du mental pour arriver à vivre en harmonie avec notre Essence profonde.

Ce texte me semble judicieux dans l'apport général des recommandations que l'on peut donner à une jeune maman, ainsi que dans la prise de conscience du corps, de la respiration et de l'influence du mental pour atteindre l'état d'unité.

Les Yoga Sutras se composent en huit parties bien distinctes, qui ne sont pas des étapes de progression, mais bien huit aspects d'un même tout qui doivent être assimilés en même temps.

La description de ces huit parties débute à la fin de la deuxième partie des sutras dans le chapitre intitulé « Le processus de transformation ».

« Les exercices de yoga se regroupent en huit parties qui sont : L'attitude générale, l'engagement personnel, l'assise, l'allongement du souffle, le contrôle des sens, la concentration, la méditation, l'état d'unité. »

Yoga Sutra, chap. II verset 29.
Traduction et interprétation de L. COUDRON

Pour des raisons pratiques, j'ai pris la liberté de « revisiter » ces huit parties pour les décrire en quatre temps :
- Les règles de conduite basées sur l'attitude générale et l'engagement personnel,
- Les postures qui nous préparent à l'assise nécessaire pour la méditation,
- Les respirations qui incarnent l'allongement du souffle et le contrôle des sens,
- Les relaxations qui incluent la concentration, la méditation,

Pour au final aboutir à l'état d'unité que j'aborderai en conclusion.

LES RÈGLES DE CONDUITE

Dans l'entendement des Yoga Sutra, la pratique d'une posture, la respiration ou la méditation n'a d'importance ou d'efficacité qu'accompagnée d'un « état d'esprit » souvent surnommé « les dix commandements ».

Ce sont des règles de vie appelées les yamas et les niyamas. Elles ont un caractère universel car elles ne dépendent ni de la façon de vivre, ni du lieu, ni de l'époque ni des circonstances, et sont toujours d'actualité !

Elles se composent chacune de cinq éléments.
Yama signifie l'attitude juste, l'autolimitation dans le sens du « refrènement », de la maîtrise de l'individu.
Niyama, quant à elle, signifie des observances, la discipline et la mesure dans la pratique quotidienne, de l'organisation de sa vie intérieure.

YAMA, L'ATTITUDE JUSTE

1)Ahimsa : la non-violence.
Etre non-violent, c'est à la fois de s'abstenir de toute pensée, de toute parole ou de toute action blessante, vis-à-vis de nous-même, et vis-à-vis de notre prochain.

C'est respecter son corps de jeune maman, en lui offrant des temps de repos suffisants, en lui accordant une attention de tous les instants pour ne pas aller au-delà de ses propres capacités. La grossesse et l'accouchement est une période de modification physique importante, et tous les médias en parlent ; par contre, la période post natale est souvent passée aux oubliettes, et plus personne ne s'en préoccupe. Or il est primordial de continuer à être dans la même dynamique et en rythme avec son bébé. On conseille aux jeunes mamans de se reposer en même temps que son enfant, de laisser le temps à son corps de récupérer progressivement (il a bien fallu 9 mois pour aller au terme d'une grossesse, on peut admettre que notre corps a besoin également de temps pour s'en remettre !).

D'ailleurs, dans la religion catholique, la chandeleur est le jour de la présentation de Jésus au temple, 40 jours après Noël, le jour de sa naissance. Les hébreux fêtaient donc "les relevailles" qui ont lieux 40 jours après la naissance, où pour la 1ere fois la mère sort et va à l'église pour une cérémonie de purification.

Quarante jours est aussi un chiffre que l'on retrouve dans plusieurs pays. Chez les Tziganes, il faut quarante jours pour que la femme ne soit plus « impure » ; en Algérie, quarante jours pour que la mort s'éloigne. Dans certaines sociétés africaines, les mères sont entourées et prises en charge par le reste de la tribu pendant toute cette période. Au Canada, de nos jours, des agences spécialisées en relevailles, aident les parents à s'adapter doucement à leur nouvelle vie parentale.
Alors pourquoi pas en profiter pour rester au maximum en communion avec son bébé, avec son corps, chez soi, en s'organisant pour que les autres, le conjoint, la famille et les amis qui viennent aider, et se laisser porter par la vie …

Nos pensées vont jouer un rôle important dans notre attitude face à nous même : est-ce que je me donne le droit de me reposer, est-ce que j'ai le droit d'avoir des douleurs, de les exprimer, est-ce que c'est acceptable dans mon éducation, dans ma culture, dans ma famille ?

Ahimsa, c'est aussi s'abstenir de pensée, parole ou action offensante vis-à-vis de notre enfant, c'est être dans l'empathie bienveillante, c'est apprendre à connaître ses besoins, et si nécessaire, se faire aider par une autre personne ou par un professionnel compétent.

Et comment je réagis face aux autres, face à mon bébé ? Suis-je à l'écoute ? Est-ce que je réponds au moindre signe de mon enfant, dès qu'il est besoin de téter pour se nourrir, pour se rassurer, pour s'endormir ou s'il y a quelque chose qui le dérange.

Vais-je répondre avec bienveillance ou en marmonnant, ou ne pas répondre ? Déjà prendre conscience de son fonctionnement personnel, conscience d'éventuels schémas négatifs, va nous permettre de les modifier si nécessaire et d'être dans la non-violence.

Dernier point important d'ahimsa : les châtiments corporels. Ces mots peuvent choquer lorsqu'on les entend et on se dit souvent qu'il ne concerne que les autres. Mais comment éduquons-nous nos enfants ? Comment percevons nous des gestes soit disant anodins tels que tirer les oreilles, les cheveux, donner une tape sur la main, une claque sur la joue ou une fessée « pour leur bien » ? Ces gestes font partis des punitions corporelles et aujourd'hui des études scientifiques prouvent leurs nocivités. Le livre « La fessée, questions sur la violence éducative » d'Olivier Maurel aborde le sujet en profondeur. Il explique que si l'enfant est soumis à des stress pendant ses premières années, le développement du cerveau peut être perturbé, voir entrainer des séquelles beaucoup plus sévères ; d'ailleurs, Daniel Goleman écrit dans « L'intelligence émotionnelle » : « le fait d'être battu de manière répétée, au gré de l'humeur d'un parent, déforme le penchant naturel des enfants à l'empathie ». En effet, comment un enfant peut-il assimiler que les personnes les plus proches de lui, qui l'aiment et le protègent, le frappent également ? Des schémas tels que : si quelqu'un m'aime, il a le droit de me faire souffrir, si on me frappe c'est que je suis méchant ... Tant de croyances que l'on conserve à l'âge adulte et qui altère notre confiance nous.

Alors est-il possible de d'abord reconnaître son état émotionnel, son énervement, sa fatigue, avant de faire ou de dire quelque chose qui pourrait blesser autrui, et qui, après coup, pourrait également nous culpabiliser (autre forme d'ahimsa) ?

2)Satya : la vérité.
L'honnêteté doit à la fois être en nous-même, tout comme autour de nous. La sincérité et la vérité engendre des actions qui sont appropriées, ce qui simplifie les relations

avec les autres. Et cette compréhension conduit à rétablir les relations sur des bases d'authenticité, de clarté et de bienveillance.

Etre honnête d'abord avec nous même, en tant que jeune maman, c'est reconnaître que l'on a le droit d'être fatiguée, qu'on a le droit d'avoir des douleurs physiques, des perturbations émotionnelles, voir des idées noires…
Accepter ses capacités du moment, cela peut se révéler utile lorsqu'une relaxation est difficile, s'il y a des douleurs utérines ou mammaires qui perturbent, des impossibilités liées à un mental trop présent, c'est revenir à l'objectif d'essayer de prendre les choses telles qu'elles viennent, toujours dans un accueil bienveillant.

« Je peux être consciente des douleurs physiques durant ma relaxation et ne pas m'y attacher, en ramenant mon mental vers la relaxation. Si la conscience de la douleur persiste, je peux aussi visualiser cette douleur, lui donner une forme, une texture, une consistance, une couleur, voire une odeur ; je peux observer si d'autres pensées, sentiments ou émotions y sont rattachées. Je peux visualiser de la libérer, de m'en détacher mentalement. Ou juste en prendre note : j'ai cette douleur, c'est ce que je vis à cet instant. »

Etre honnête envers soi-même, c'est aussi se reconnaître dans ses propres paroles, en utilisant par exemple la Communication Non Violente, qui propose de communiquer de manière simple et concrète, en apprenant à exprimer son ressenti, à formuler ce qu'on attend de l'autre et à écouter sans jugement les besoins propres des autres.
Beaucoup de situations quotidiennes sont malheureusement parasitées par nos distorsions d'amour propre ou d'intérêts personnels, voire de peurs plus profondes. Et si on a le courage de s'avouer ce qui se cache derrière une contrariété, une colère, une frustration, on peut y découvrir des sentiments enfouis tels que de la peur de manquer, d'être exclu, de ne pas se sentir à la hauteur, et donc de pouvoir exprimer les réels émotions qui nous submergent pour que notre interlocuteur comprenne vraiment notre réaction.

Cette technique est issue du mouvement de Gandhi en référence à la notion d'ahimsa, la non-violence. Elle a été développée aux Etats Unis dans les années 60 par Marshall Rosenberg qui s'est également inspiré des travaux de Carl Rogers sur le développement de la personne et sur les concepts de congruence, d'empathie, d'acceptation positive inconditionnelle de l'autre. Mais la CNV va au-delà d'ahimsa, puisqu'il faut être d'abord à l'écoute de ses propres émotions pour pouvoir formuler clairement les choses.

Ce processus facilitant l'expression et la réception des messages d'autrui, même hostiles, est également développé entre autre par Thomas Gordon sur le principe « gagnant-gagnant » dans les relations parents-enfants, enseignants-élèves et pour les professionnels et par Adèle Faber et Elaine Mazlish, qui œuvrent à la promotion d'ateliers visant à améliorer la communication entre adulte et enfant.

Il peut s'appliquer, par exemple, lorsque l'on a du mal à s'adapter à ce nouveau mode de vie centré sur un nouvel être si prenant et qu'on n'ose pas forcément envie de s'avouer des sentiments ambivalents, tels que de la colère contre notre bébé qui ne nous laisse aucun instant de répits, de la frustration de ne pas pouvoir faire des choses « pour nous »…

Satya, c'est faire correspondre sa parole et sa pensée profonde, c'est oser dire honnêtement à notre bébé ce que l'on pense, qu'on l'aime, mais aussi, que parfois on peut avoir envie de faire autre chose, de lui expliquer quand on doit s'absenter, lui préciser qu'on va revenir ; c'est aussi lui expliqué le contexte de sa naissance, parfois avec des mots appropriés, mais chargés de vérité.

3)Asteya : la non convoitise.
Ne pas voler, ne pas s'emparer de choses appartenant à autrui, ne pas convoiter ou simplement avoir le désir de convoiter. Pour respecter les autres et maintenir sa propre dignité.

On peut déjà éviter la comparaison avec soi-même sur ce qu'on était capable de faire « avant », sur son ancienne apparence physique, ou sur sa liberté d'action réduite qui engendre systématiquement frustration et déconvenue.

Convoiter le bien, la manière de vivre, les expériences des autres, est aussi source de jalousie et rancœur. Car dans les principes du yoga, chaque individu a son karma, qui n'est autre que le résultat des actes qu'il a accompli, dans cette vie, ou dans une existence antérieure, et doit donc vivre ses propres expériences pour lui permettre d'évoluer et de transcender le monde manifesté, notre monde actuel, pour atteindre la libération finale de l'âme individuelle du cycle des renaissances (le Samsāra) appelée la Délivrance, Moksha, qui correspond au Nirvāna bouddhique.

Se libérer du désir de convoitise peut se réaliser dans ce monde que dans la mesure où l'homme est capable d'être pleinement présent et conscient de ses actions.

Donc, même si la voisine semble épanouie dans ce nouveau rôle de mère, même si son allaitement se passe bien, chaque mère est différente, chaque naissance est unique, chaque bébé a son propre fonctionnement et sa manière de s'exprimer, et se concentrer sur cette nouvelle relation évite toute comparaison inutile et frustrante.

Convoiter la voisine, l'amie, qui semble en apparence si sereine, est source de souffrance personnelle parce que cela nous empêche d'apprécier ce que nous avons, même si c'est totalement différent, car chacun doit vivre sa propre expérience, je le répète, pour notre évolution personnelle.

Ne pas voler sous-entend également ne pas « voler » l'énergie des autres en jouant les victimes, en essayant de les dominer, en les mettant sur la défensive ou en colère. Ceci est très bien exprimé dans le livre de James Redfield « La prophétie des Andes » qui nous révèle une série de prophéties dont la 3ème et la 4ème nous importe ici :

«La troisième révélation souligne la dynamique énergétique de notre nouvelle vision de l'univers. Lorsque nous considérons le monde qui nous entoure, nous ne pouvons plus penser que chaque chose est faite de matière. Grâce aux découvertes de la physique moderne et aux efforts croissants de synthèse avec la sagesse de l'Orient, nous commençons à percevoir l'univers comme un vaste champ d'énergie, un monde quantique, où tous les phénomènes sont reliés entre eux et interagissent les uns sur les autres. Grâce à la sagesse orientale, nous savons que nous avons nous-mêmes accès à cette énergie universelle. Nous pouvons la projeter vers l'extérieur par nos pensées et nos intentions, influencer notre vie et celle des autres.

La quatrième révélation explique que les êtres humains se sont souvent coupés eux-mêmes d'une connexion intérieure avec cette énergie mystique. Le résultat est que nous avons eu tendance à nous sentir faibles et peu sûrs de nous-mêmes, et que nous avons souvent cherché à récupérer des forces en nous procurant de l'énergie auprès d'autres êtres humains. Nous le faisons en cherchant à manipuler ou à absorber l'attention de l'autre. Si nous pouvons forcer son attention, alors nous sentons qu'il nous donne du tonus, nous rend plus forts grâce à son énergie, mais évidemment cela l'affaiblit. Souvent les autres réagissent contre cette usurpation de leur force, créant ainsi une lutte de pouvoir. Tous les conflits en ce monde proviennent de cette bataille pour l'énergie humaine."

Il est donc possible, sous cet angle de vue, d'imaginer que si notre bébé pleure, c'est que nous n'avons pas compris les besoins qu'il avait (et ce n'est pas la peine non plus de culpabiliser !) et donc qu'il attire notre attention. Si son besoin est toujours insatisfait, il continuera à manifester son mécontentement ce qui peut finir par nous excéder, ce qui est source de perte d'énergie réciproque. Or un bébé n'a que peu de moyens pour nous faire comprendre ce qu'il veut, et c'est donc à nous, maman et adultes, de faire l'effort de s'adapter à lui. Si par contre son besoin est comblé, qui peut être un besoin de s'alimenter, une angoisse passagère, un désagrément intestinal, ou tout simplement une envie de câlin, le simple fait de lui proposer le sein suffit souvent à faire cesser les pleurs et tout le monde est satisfait.

4) Brahmacharya : la continence (de tous sens).

Vivre en ayant le désir de vous conduire de façon modérée vous conduit à ressentir une grande force dans la vie, c'est la voie du milieu ! Ceci est vrai lorsque nous ne sommes pas esclave de nos désirs (quels qu'ils soient).

Brahmacharya est, dans les Yoga Sutras, réduit à la continence sexuelle. En effet, le sens premier est de « vivre avec le sacré », c'est-à-dire qu'il était destiné aux brahmanes, ces hommes religieux qui se consacraient uniquement à la connaissance des védas, les textes sacrés. Pour que ces brahmanes restent concentrer sur leurs études, Patanjali préconise une continence des énergies sexuelles tout comme les autres organes de sensation et d'action, car si ces forces ne sont pas réfréner, elles échappent au contrôle du mental et rendent difficile toute concentration. La continence leurs permettait de transmuter cette énergie vers une ascension contemplative et des fins supérieures.

Je pense que l'idée initiale a été, comme dans beaucoup d'autres textes anciens « revisitée » et interprétée au fil du temps pour se réduire à l'abstinence sexuelle. Et comme le yoga est devenu aujourd'hui une pratique accessible à tout le monde, on peut de nouveau « élargir » ce précepte à la continence de tous les sens afin d'éviter tout comportement à tendance compulsive telle que l'abus de jeux, de sexualité, d'alcool ou de drogue, la gourmandise excessive, le travail compulsif...

Brahmacharya appliqué aux mamans peut être exprimé évidement sur la continence face à l'alcool, la drogue, le tabac, mais aussi la « malbouffe », les aliments transformés, l'abus de produits de beauté ou de parfums « chimiques », qui ont un impact important et désastreux sur le corps physique mais aussi sur le système digestif. D'ailleurs certaines études parues dans Pédiatrics (Clyne, P and Kluczycki, A. Human breast milk contains bovine IgG. Relationship to infant colic? Pediatrics

1991; 87(4): 439-44., et Hill, DJ et al. Effect of a low-allergen maternal diet on colic among breastfed infants: a randomized, controlled trial, Pediatrics 2005; 116(5): e709-e715.) prouvent que l'alimentation de la mère peut être la cause des coliques du bébé.

De plus, quand on sait que pour 1 neurone qui descend du cerveau vers le système digestif, il y en a 9 qui remontent, il est facile de comprendre que notre cerveau et donc notre moral et nos émotions peuvent être influencés par ce fameux système digestif. D'où l'importance d'une modération alimentaire.

Brahmacharya ouvre aussi la réflexion sur la continence des relations et des émotions sous-jacentes. Il est tout à fait normal d'avoir un sentiment fusionnel avec son nouveau-né et de vouloir le protéger, ce qui est de la fusion saine et naturelle. Mais parfois, nous nous angoissons sans réel motif pour notre progéniture, et il est intéressant de prendre le temps d'observer ce qui a été notre propre histoire personnelle, de voir comment nos parents ou notre entourage nous ont éduqués. Sommes-nous dans une programmation familiale de surprotection ou ce que l'on pourrait appeler d'assistanat soit disant bienveillant ?Notre tendance sera certainement de reproduire certains schémas familiaux et tant mieux pour les bons, mais sont-ils tous bons à prendre ? La continence aura donc toute sa place dans la création de ces nouveaux liens avec son enfant, sans l'étouffer, le surprotéger plus que nécessaire.

Autre conseil inhérent à Brahmacharya dans nos sociétés occidentales, c'est la continence des priorités. Beaucoup de femmes ont des activités professionnelles avant de devenir maman. Pendant toute la grossesse, on se dit souvent que nos activités professionnelles vont reprendre au même rythme dès notre retour de congé maternité. Or, dans la réalité, ce n'est souvent pas le cas. On est très contente de voir notre bébé grandir, et on est très contente de reprendre une activité extérieure, mais on aimerait bien faire les deux en même temps... D'où une dose de stress et de frustration plutôt importante. Et nous avons vu que le stress allait jouer un rôle important dans la lactation.

En yoga, on dit souvent qu'il ne faut faire qu'une chose à la fois. Si notre volonté profonde est de passé du temps avec notre enfant, pourquoi ne pas chercher à adapter son activité professionnelle pour être plus sereine et plus disponible pour notre bébé et revoir notre priorité d'évolution professionnelle à moyen terme.

5) Aparigraha : le détachement.

Le non-désir de possession inutile, d'accumulation met fin au désir d'acquérir toujours plus et de nous faire découvrir notre vraie richesse. Cela concerne nos possessions matérielles (auto, maison, compte en banque...), nos rôles sociaux (conjoint, parent, cadre, ingénieur, professeur de yoga...), nos activités (loisirs, sports, style de vie...) et nos attributs (apparence, habiletés...). Un bon test pour savoir si ces choses nous définissent est de vérifier si l'on s'agrippe à elles. A-t-on besoin dans un premier temps d'avoir tous les équipements derniers cris de puériculture avec un trousseau de naissance garni (qui ne servira peut être même pas) ou est-il possible de se dire que cet instant passé avec son enfant est suffisant pour nous ? Le fait de passer du temps à savoir quelle est la meilleur poussette, s'il faut en plus y ajouter une coque, un landau et un siège auto est souvent des questions qui nous sont induites par les fabricants de matériel de puériculture. Et si ce n'était que des arguments markéting qui nous orientait dans nos choix de maternage. Car une simple écharpe de portage et un bon siège auto sont largement suffisants pour un bébé.

Il est d'ailleurs maintenant reconnu, études scientifiques à l'appui qu'un enfant porté pleure moins et se calme plus vite (étude parue dans Pediatrics en 1996: chez la centaine d'enfants observés, le portage réduisait les pleurs et l'agitation de 43% le jour et 51% la nuit).

Le portage facilite également le lien parent enfant, expérience relatée dans le Lancet en 1987 qui a testé la qualité de l'attachement mère/enfant au 13 mois de l'enfant :

83% des "enfants porte-bébés" montraient un attachement sécurisé, contre 38% des "enfants sièges en plastique".

Un dossier a été publié dans Allaiter Aujourd'hui n°40, LLL France 1999 sur la thèse de doctorat du Dr Evelin Kirkilionis, Université de Fribourg, 1990, ou il est dit :

« Un nourrisson qui s'éveille commence à pleurer seulement lorsqu'après avoir émis un son bref pour attirer l'attention, il ne perçoit aucun signe de présence de la part de ses parents (Morath, 1977). Ce besoin de présence se manifeste plus souvent que les parents ne peuvent le comprendre, car rien d'inquiétant ne semble menacer le nourrisson. En fait, ce qui l'inquiète, ce sont le silence et la solitude, qui n'ont rien d'anormal ni d'inquiétant pour les petits des oiseaux nidicoles. Comme le suggère Portmann (1944/69), le nourrisson n'est pas nidicole de nature, mais notre société fait de lui un nidicole "culturel" (Peiper, 1950, 1955, 1961). Pourtant, du point de vue de la biologie du comportement, le nourrisson manifeste toujours son appartenance au type "petit marsupial", qui a besoin de la présence de la personne qui prend soin de lui. Sa capacité à dormir profondément même s'il est secoué et entouré de bruit, prouve l'effet rassurant pour lui des signes d'activité et donc de présence de cette personne ».

Aparigraha, c'est aussi le lâcher prise mental, la pleine conscience de l'instant présent sans interférence du mental qui souhaite « faire » avec inévitablement un sentiment négatif du type « j'y arriverais jamais ! », sous-entendu, s'occuper de son bébé, assurer les besoins de la famille, garder la maison propre, sans compter les courses, les activités des grands, la cuisine et j'en passe ! C'est donc le détachement face au mental qui VEUT TOUJOURS FAIRE, pour tendre vers un état d'ETRE.

Je ne dis pas qu'il ne faut plus rien faire, mais qu'il y a des moments où nous sommes dans l'action et être conscient de ce que nous faisons à ces instants précis est important. Quand nous allaitons, notre mental est-il dans l'observation de nos émotions, de l'écoute de notre bébé, de nos sensations physiques telles que la montée de lait, notre position d'allaitement, la manière dont notre bébé prend le sein, nos idées sont-elles en train de vagabondées, de se projeter dans ce qu'il nous reste à faire dans la journée, de ce qu'on pourrait faire si le bébé tétait moins souvent ? Le simple fait d'en prendre conscience et de lâcher prise, de revenir à l'instant présent de notre allaitement, nous permet, à nous mère et à notre bébé, d'être plus détendu et de produire aussi plus de lait.

« II.33- Quand vous avez des pensées qui viennent perturber ces attitudes, il faut vous entraîner à développer des attitudes contraires.
II.34- Des pensées et émotions perturbatrices, comme la violence, sont souvent la conséquence de la colère, de l'illusion ou de l'impatience. »
Yoga Sutra, chap. II
Traduction et interprétation de L. COUDRON

NIYAMAS, LES OBSERVANCES

1)Shaucha : la pureté à la fois extérieure et intérieure.
La pureté extérieure consiste à être propre, à se nourrir d'aliments sains et à mener une vie équilibrée. La pureté intérieure est aussi la possession de qualités telles la bonté, la gaieté, l'humilité, la patience, la charité, la simplicité, la tempérance. C'est un esprit sain dans un corps sain.

L'hygiène corporelle est sans conteste nécessaire mais elle doit être effectuée à bon escient ; par exemple il n'est pas nécessaire de se nettoyer le bout des seins avant et après chaque tétée car cela risque d'inhiber l'action olfactive des tubercules de Montgomery.

Le fait également de laver un nouveau-né n'est pas non plus l'urgence. Au contraire, le bébé est enduit de vernix (une substance blanchâtre) et a un effet protecteur qui contient des matières grasses, des albuminoïdes, des sels minéraux et des vitamines. Vous pouvez même attendre plusieurs jours avant de lui donner son premier bain.

De même pour l'aspiration pratiquée dès la naissance ; d'ailleurs l'OMS, en 1998, liste l'aspiration systématique dans les pratiques à éviter, ou dangereuses, ou n'offrant aucun intérêt particulier, et précise :

« Rien ne permet de penser que l'aspiration systématique de la bouche et du nez du nouveau-né dès le dégagement de la tête ou par la suite présente un avantage quelconque si le liquide amniotique est clair. »
« Cette manœuvre est inutile chez le nouveau-né qui respire dès la naissance. Elle est associée à des risques d'arythmies cardiaques. »
« Il n'y a aucune raison non plus de pratiquer systématiquement une aspiration gastrique à la naissance. »

Dans la continuité de ce discours, un corps sain se doit d'être dépourvu de matières toxiques telles qu'on nous les propose dans la plupart des produits de beauté, savons, shampoings, déodorants, dentifrice, lingettes, ... Or 70 à 90% de l'excipient des produits courants sont des ingrédients de la pétrochimie ! Sachant que ces substances passent dans notre corps, on peut se poser la question sur notre santé !

D'ailleurs Greenpeace, dans son dossier Cosmetox sur le site web, écrit :
« Tout notre système de réglementation des substances chimiques de synthèse repose sur le principe « c'est la dose qui fait le poison » (Paracelse, XVIe siècle). L'industrie se refuse à considérer les dangers liés aux molécules elles-mêmes pour se focaliser sur les risques (qui représentent la probabilité que le danger se transforme en impact avéré). À les entendre, tout ne serait donc qu'une question de dosage, et l'on peut incorporer des substances cancérigènes dans le moindre produit de consommation à condition de respecter des normes fixant des seuils dits « sûrs ».

Et s'il n'y avait qu'une seule substance, mais les interactions potentielles sont encore moins prévisibles. Alors faut-il prendre un quelconque risque pour nous même ou notre enfant ?

La première priorité pour la jeune maman est, au-delà de l'hygiène corporelle, d'avoir aussi une alimentation saine et naturelle, non seulement pour elle-même mais pour son bébé qu'elle nourrit.

Une Etude anglaise (Nutritional quality of organic foods: a systematic review[1,2,3,4] (Alan D Dangour, Sakhi K Dodhia, Arabella Hayter, Elizabeth Allen, Karen Lock, and Ricardo Uauy)) parue dans l'American journal of Clinical Nutrition (AJCN) en 2009, comparait les aliments bios et conventionnels avec un examen des 162 études scientifiques publiées au cours des 50 dernières années. L'intégralité des 162 études publiées sur le sujet fait en réalité apparaitre des avantages pour les aliments bios et des différences significatives favorables aux aliments bios pour 6 catégories de nutriments importants !

Autre preuve, David Servan-Schreiber qui est médecin, incite à privilégier au maximum la nourriture bio dans ses conseils pour prévenir le cancer, afin d'éviter d'ingérer des pesticides et autres insecticides.

D'ailleurs la Leche League au cours d'une conférence de presse de Greenpeace tenue à l'occasion du Jour de la Terre, le 22 avril 1997, a lancé un appel qui se terminait par ces mots : "Cette année, le thème de la Semaine mondiale de l'allaitement, est 'L'allaitement, la façon naturelle'. Nous faisons appel à tous les défenseurs de l'environnement pour qu'ils soutiennent l'allaitement comme la meilleure méthode d'alimentation infantile, tout en luttant pour contrôler l'usage des substances dangereuses. Le lait maternel est une ressource naturelle précieuse, qu'il faut promouvoir et protéger. Les écologistes tout comme les groupes de soutien à l'allaitement ont un intérêt commun à soutenir l'allaitement, la façon la plus saine et la plus écologique de nourrir nos bébés".

On peut également se poser la question de la « propreté » de nos pensées, des pollutions insidieuses de l'entourage ou des médias et de notre environnement !

2)**Santosha : le contentement.**
Etre satisfait de ce que l'on a, rester serein et joyeux dans le plaisir comme dans l'adversité, tel est le contentement, l'attitude de l'homme sage.

Le fait de désirer quelque chose, d'être ébranler par les évènements de la vie, sont en réalité des alternances et des changements extérieurs. Ces attitudes vont forcément jouer sur nos perceptions et engendrer de la peur, la colère ou de la tristesse.

Santosha nous évite d'être à la merci de chaque vague émotionnelle et de conserver notre équilibre intérieur.

Facile à dire, me direz-vous ! Mais si on regarde plus précisément du côté physiologique des choses, nous y trouvons une explication « mécanique » qui pourra nous aider à atteindre la voie de Santhosa. Chaque évènement extérieur est source de stress (positif ou négatif, d'ailleurs !), ce n'est qu'une mise sous tension du corps pour nous préparer à une action. Et le créateur du mot Stress, Hans Selye, le définit comme tel : « c'est la réponse non spécifique de l'organisme à toute sollicitation extérieure intense : physique, intellectuelle ou émotionnelle, agréable ou désagréable ». Le stress va engendrer des effets mécaniques sur le système nerveux, le système immunitaire, la respiration, l'humeur, le sommeil, la mémoire, les organes fonctionnels, …

Quand le stress est surmonté, l'organisme retrouve son équilibre. Si ce n'est pas le cas, cela engendre encore un stress et c'est le cercle vicieux. Le seul levier que l'on a en notre possession est de modifié notre vision des choses. L'élément stresseur est-il réellement présent ? En gros, y a –t-il un tigre devant nous, prêt à nous dévorer, ou est-ce notre mental qui se projette sur une quelconque spéculation tragique. Si le tigre est réellement devant nous et que nous sommes en train d'allaiter, il est indéniable que toute notre attention sera de fuir au plus vite, bébé sous le bras, sans laisser tomber une goutte de lait pour que le tigre nous suive ! Et le corps sait bien réagir à cela. Il n'est pas question de contentement ici, sauf quand nous sommes hors de danger et c'est un stress positif, nous sommes sauvés !

Mais si le stress est mental, émotionnel, le cerveau enregistre la même chose au niveau de l'organisme, et adieu la détente et le lait en abondance !

En pratique, c'est accepter son manque de mobilité physique dû à l'accouchement ; c'est prendre la responsabilité de nos réactions face aux évènements. Là, maintenant, à cet instant présent, suis-je réellement en danger physique ? N'y a-t-il pas la moindre information positive dans cet instant présent ? Je suis en vie, mon bébé est là, je peux peut-être envisager d'être dans le contentement.

Santosha me semble proche du concept de pensée positive, initié par Emile Coué de la méthode Coué, qui formalise sa méthode en une phrase et engage ses patients à répéter vingt fois de suite et trois fois par jours :

" Tous les jours et à tous points de vue, je vais de mieux en mieux"
Remarquez qu'il ne dit pas « Tout va bien », mais « je vais de mieux en mieux » ; cette méthode n'est pas là pour effacer les difficultés que nous pouvons avoir, mais plutôt renforcer ce que nous avons de positif dans notre vie.
Une étude du Docteur Seligman, professeur à l'Université de Pennsylvanie, sur les différences observées dans la santé de personnes fondamentalement optimiste comparées aux personnes pessimistes, conclut que ce n'est pas tant le monde lui-même qui nous fait risquer la maladie que notre vision et nos pensées au sujet de ce

qui nous arrive.

Par exemple, si j'ai eu une césarienne alors que je voulais accoucher à domicile, je peux me satisfaire du fait que mon enfant et moi-même sommes en vie et bien portants, que si cette intervention n'avait pas eu lieu, l'accouchement aurait peut être été dramatique, et que je peux, malgré tout, allaiter mon enfant. Je peux aussi anticiper les choses, en me disant que cette césarienne peut aussi être préparée, qu'il est possible d'avoir un projet de naissance adapté, de choisir une musique pour le bloc opératoire pour l'arrivée de bébé, qu'il est possible que le papa ou une autre personne proche face du peau à peau pendant le temps ou on est en salle de réveil, on peut demander que notre enfant ne soit pas tout de suite baigné et habillé et de manière générale, que tous les soins non urgents (pesée, mesure, ...) soient faits en notre présence, après notre sortie du bloc ou de la salle de réveil.

Pour continuer avec cet exemple de césarienne, il sera aussi important de savoir que parfois, la montée de lait est plus lente, et auquel cas, appliquez Santosha, restez toujours confiante dans votre capacité d'allaitement, ce sera une réelle aide pour que la lactation se fasse correctement.

3)**Tapas : l'effort.**
C'est l'action nécessaire pour mener à bien notre tâche avec une utilisation disciplinée de notre énergie. Sans tension créatrice, pas de défi à surmonter.

Cela peut être représenté par la pratique régulière du yoga, où notre corps acquière au fur et à mesure une plus grande vitalité, une plus grande force et une plus grande souplesse. Et comme dans beaucoup de choses, cela ne se fait pas en une séance, même si l'on peut déjà voir quelques effets bien concrets. Mon enseignant disait que les bienfaits d'une séance de yoga duraient 48 heures. A nous donc de pérenniser cet état par une pratique régulière. D'ailleurs, des chercheurs de l'Université de York (GB) ont comparé les effets d'un suivi médical traditionnel ou de la pratique régulière du yoga sur des personnes qui souffrent de douleurs chroniques ou récurrentes dans le bas du dos. Résultat ? Au bout de trois mois, les adeptes du yoga déclaraient un taux d'activité plus élevé de 30% que les patients sous suivi médical. Pourtant, ils ne souffraient qu'à peine moins. Ce qui leur a permis ce regain d'activité, c'est que le yoga leur a redonné confiance dans leur capacité à faire face à des tâches quotidiennes, comme marcher plus rapidement, s'habiller sans aide ou rester debout durant de plus longues périodes.

Autre exemple connu et reconnu, Jon Kabat-Zinn, qui a conçu dès 1979 à la clinique universitaire du Massachusetts (USA), une formation de Réduction du stress basée sur la pleine conscience, MBSR (Mindfulness-Based Stress Reduction). Cette formation dure 8 semaines et est le seul programme d'enseignement dont l'efficacité fut suffisamment démontrée de manière scientifique. Elle consiste à passer chaque jour au moins 45 minutes à méditer pendant les 8 semaines. La MBSR avait un effet positif sur le bien-être physique et psychique de ses adeptes. Ces études ont révélé, entre autres, une réduction du sentiment de stress et d'anxiété, davantage de sang-froid, une diminution des symptômes psychosomatiques, plus de joie de vivre ainsi que de capacité de se détendre.

En effet, la pratique régulière de la méditation permet de transformer positivement son cerveau. Cette découverte s'est faite grâce aux scanners pratiqués sur des moines bouddhistes en pleine séance de méditation. Les encéphalogrammes ont révélés une activité élevée dans les zones cérébrales préfrontale gauche du cortex, associées aux émotions positives, avec une activité ralentie de la partie droite du cortex, centre des émotions négatives et de l'anxiété.

Et on sait maintenant que l'on peut apprendre à modifier physiologiquement notre cerveau, comme un muscle, en vertu du principe de «neuroplasticité». Son mécanisme est basé sur deux processus spécifiques :
-la neurogénèse qui consiste à multiplier les connexions et/ou les neurones et qui est augmentée par les exercices, l'apprentissage et diminuée entre autre par le stress,

-l'élagage synaptique, qui est responsable de la suppression des connexions inefficaces ou inutilisées.

On peut donc faire évoluer sa matière grise tout au long de sa vie !
« Cela montre que, si l'on entraîne son cerveau, on peut arriver à le modifier tout comme on augmente la taille de ses muscles en soulevant des poids », explique Rick Hanson, coauteur d'un livre intitulé « Le cerveau de Bouddha ». « Bouddha est né avec un cerveau comme le vôtre, explique ce neuropsychologue, professeur de méditation et bouddhiste. Mais, au fil du temps, il a réussi, en maîtrisant ses pensées, à le façonner pour atteindre la sagesse. Pourquoi alors ne pas s'en inspirer et apprendre à remodeler notre cerveau ? L'enseignement de Bouddha est très pragmatique : « je suis un humain comme vous, je n'ai pas de super-pouvoir. Si j'y arrive, vous pouvez y arriver aussi ». A condition de surmonter d'abord quelques handicaps... Nous souffrons tous, par exemple, d'un « déséquilibre neurologique ». Le cerveau a une mauvaise manie. Il enregistre, stocke et se rappelle davantage les expériences désagréables que les événements heureux. Dans un couple, il faut au moins cinq interactions positives pour compenser les effets d'une seule interaction négative. Le cerveau agit comme du Velcro sur les expériences négatives et comme du Teflon sur les positives. La faute à notre cerveau préhistorique. Initialement, le penchant négatif est une fonction de survie. Si on se rappelle les dangers passés, on reste sur le qui-vive et on se donne ainsi une chance d'échapper aux périls futurs. Sauf que cette capacité, taillée pour l'homme des cavernes il y a un million d'années, se révèle contre-productive aujourd'hui, car elle favorise la peur, la colère, l'anxiété, avec un cortège d'effets nocifs sur la santé.
Pour le cerveau, il est important de savoir qu'une action répétée va graduellement modifier un penchant négatif. Une fois informé, reste à changer d'attitude. Les gens savent bien qu'ils doivent s'entraîner pour jouer au golf ou conduire une voiture. Mais ils ne pensent pas qu'il soit nécessaire de s'entraîner pour gérer ses réactions émotionnelles ou développer ses capacités de sagesse. C'est pourtant la même chose : il faut faire des efforts. »

Comme nous savons que le cerveau humain possède un handicap majeur (il scanne, enregistre et stocke davantage les expériences négatives que les émotions positives), nous pouvons donc nous entraîner à savourer plus intensément les émotions positives. Il est bon de se rappeler chaque jour d'un petit moment heureux (un beau paysage, l'étreinte d'un proche, un repas agréable …). Concentrez-vous sur cette expérience sans penser à rien d'autre pendant 20 secondes. Elle imprégnera durablement votre mémoire.

Cette approche s'applique aussi à la situation de l'allaitement : « je veux allaiter mon enfant aussi longtemps qui lui sera nécessaire ». Ce défi quotidien va me demander des aménagements dans ma vie personnelle et certains efforts. Il est indéniable que nos habitudes de vie sont bouleversées ; les rythmes de vie doivent se caler sur celui de notre nourrisson, en fonction des moments où il a faim, des activités possibles de faire avec lui (adieu le ski, les parcours acrobatiques dans les branches, les promenades à cheval, les sorties nocturnes !) et tout cela peut aussi nous contrarier fortement. Appliquer tapas à ces situations sera de rester centré sur le côté positif de l'allaitement, d'être à l'affût que chaque moment agréable, de chaque tétée réussie, de chaque sourire de notre enfant, de chaque respiration consciente.

C'est cette force personnelle qui va nous permettre de continuer l'allaitement, qui va nous donner l'envie d'aller à la rencontre d'autres personnes ou associations soutenant l'allaitement, pour continuer à nous motiver, à nous encourager.

C'est aussi tenir dans la durée de l'allaitement, d'aller au-delà des préjugés familiaux ou extérieurs qui ont l'air indigné quand nous allaitons encore à 6 mois !

L'OMS (Organisation Mondiale de la Santé) préconise « l'allaitement maternel dès la première heure suivant la naissance. L'allaitement exclusif au sein est recommandé jusqu'à l'âge de six mois. De six mois à deux ans, voire plus, l'allaitement doit être complété par une autre alimentation ».

D'ailleurs un article de Herbert Renz-Polster, pédiatre à l'Institut Mannheim pour Public Health de l'Université de Heidelberg, explique qu'en moyenne la durée de l'allaitement dans les différentes civilisations est de 30 mois (le Coran recommande d'allaiter les enfants jusqu'à l'âge de 2 ans et les enfants des Hébreux étaient sevrés vers 2 à 3 ans). De nos jours, les variations de durée d'allaitement sont plus souvent liées aux conditions de vie des populations : ainsi, pour les nomades vivant de chasse et de cueillette de la tribu des Bofi en Afrique Centrale, l'âge de sevrage des enfants se situe entre 36 et 53 mois, tandis que les membres sédentaires n'allaitent plus que jusque l'âge de 18 à 27 mois. En outre, il ressort des études qui ont comparé l'autonomie d'enfants de civilisations traditionnelles, allaités assez longtemps, et celle d'enfants occidentaux, allaités pendant une courte période seulement ou pas du tout que les enfants des civilisations traditionnelles étaient plus autonomes que les autres.

4)**Swadhyaya : l'étude.**

L'étude des textes sacrés et des ouvrages inspirés est indispensable pour bien comprendre les grands principes de l'Etre et Swadhyaya était plutôt centré sur les textes traditionnels brahmaniques. Comme nous l'avons fait précédemment, nous prenons cet adage au sens large, de la recherche de la compréhension de notre moi supérieur, de la connexion à notre vraie nature et de notre écoute intérieure. Prendre le temps de se découvrir par des textes, de la musique ou des enseignements mettra enfin des mots sur des concepts qui nous habitaient depuis toujours.

Donc si vous avez pris le temps de lire la première partie de ce livre, vous avez et vous continuez à être dans Swadhyaya, l'étude. Ce peut être l'étude du fonctionnement de l'allaitement, de notre esprit ou de notre corps. Une source enrichissante d'évolution personnelle a été pour moi la découverte de la fertilité naturelle par la méthode Billings et celle des indices combinés. Quel lien avec l'allaitement ? Celui d'être à même de distinguer soi-même et de manière très précise les jours infertiles des jours fertiles de chaque cycle, sans artifices et compatibles avec l'allaitement.

Ces méthodes valorisent l'estime de soi par la responsabilité consciente et autonome du couple, le respect et la bienveillance vis-à-vis de son corps et celui de son enfant car il n'y a aucun effet secondaire. En effet, certaines pilules contraceptives (contraceptifs oraux combinés) peuvent avoir une conséquence sur l'allaitement car la teneur en œstrogènes de ces pilules réduisent la quantité de lait maternel produite et peuvent également passer dans le lait.

Il s'agit de méthodes fondées sur l'observation du cycle féminin et l'identification des périodes de fertilité par le suivi de l'état de la glaire cervicale (Méthode Billings : http://www.methode-billings.com), et de l'observation de la hausse de température corporelle en relation avec la glaire du col de l'utérus et l'autopalpation du col de l'utérus (Vivre sa fertilité naturellement, de Milène Clichy et Stéphan Técher).

Les recherches scientifiques actuelles sont riches d'informations susceptibles de modifier ou d'améliorer notre quotidien de maman et ce livre est là pour vous ouvrir à quelques pistes. Il existe maintenant de nombreux ouvrages sur la grossesse, l'évolution du fœtus, l'allaitement, les soins à prodiguer au nouveau-né ; beaucoup sont riches d'informations, mais malheureusement il y a encore beaucoup trop d'idées fausses.

Prenons l'exemple de la propreté, cela peut vous sembler un sujet quelque peu précoce, mais pas tant que ça... J'ai été surprise de découvrir au cours de lectures sur l'hygiène naturelle infantile (« *L'Hygiène naturelle de l'enfant, la vie sans couche* » *de* Sandrine Monrocher-Zaffarano et « *Sans couches, c'est la liberté* » *d'* Ingrid Bauer), que les bébés pouvaient vivre sans couche et rester propres ! Et oui, cela existe et je l'ai même pratiqué avec ma dernière fille.

En effet, dans le monde entier, combien de bébés portent des couches ? Alors comment ces parents font-ils ? Ils écoutent tout simplement leur enfant. Nous arrivons bien à déceler lors que notre bébé a faim, s'il a besoin d'un câlin, s'il est fatigué. On peut également, en tant qu'adulte et parent répondre au besoin d'élimination de notre progéniture !

Vous pensez certainement que l'enfant ne peut pas maîtriser ses sphincters, c'est faux !!! Il ne peut se retenir, mais il peut, si on lui en laisse la possibilité, relâcher son sphincter externe. Si, par contre, nous apprenons à nos enfants qu'il est tout à fait normal d'avoir de l'urine ou des selles en contact direct avec leur peau, ils perdent la conscience de cette partie du corps… Sans compter les futurs tabous liés à une méconnaissance de ses propres organes génitaux qu'ils n'auront pu toucher qu'entre deux couches et encore !
Au-delà de la propreté, de la protection de l'environnement, des économies financières et énergétiques, l'hygiène naturelle s'inscrit dans une démarche de maternage de proximité et de communication active avec son nouveau-né qui nous permet d'être à l'écoute de chaque besoin, allaitement compris.

Prenons un autre sujet qui me tient à cœur, notre manière de communiquer avec notre bébé. Communiquer va au-delà des mots exprimés. Et l'enfant ne sera capable de se faire comprendre verbalement qu'à partir de deux ans environ. Mais avant ?

Il existe une technique issue du langage des signes qui peut faciliter la communication avec notre bambin. Elle part du principe que l'enfant est capable de maîtriser ses gestes avant l'usage de la parole. En leur proposant cette alternative, ils sont à même d'exprimer dès 6 ou 8 mois leurs besoins. Ma fille a très vite compris le signe « téter » et l'a utilisé à profusion ! Elle a su faire comprendre ses envies de chocolat (!!!), de faire pipi, caca, d'avoir soif et montrait un certain agacement si nous ne comprenions pas assez vite.

Découvrir la portée de nos hormones dans nos comportements quotidiens nous permet de ne plus être manipulé par notre instinct primitif ou en tout cas de le transcender et de le même au service d'une cause plus spirituelle. Une étude publiée dans *The Journal of Child Psychology and Psychiatry* (Vol 52, Breastfeeding, brain activation to own infant cry, and maternal sensitivity de Pilyoung K, Feldman R, Mayes LC, Eicher V, Thompson N, Leckman JF, Swain JE) a permis de mettre en lien les comportements maternels et l'allaitement et leurs mécanismes neurobiologiques. Les imageries médicales par IRM montrent que la partie supérieure droite du cerveau et de l'amygdale des mères allaitantes réagissent plus et plus sensiblement aux cris de leur bébé ; cette région cérébrale est également celle liée au comportement de soin et d'empathie. Les conclusions de l'étude préconisent d'aider les mères dans leur maternage et les soutenir dans le projet d'allaitement pour qu'elles puissent répondre au mieux aux besoins de leur enfant.

Découvrir notre propre évolution physique et mentale, celle de notre enfant, le processus de l'allaitement, les techniques de maternage douces, les méthodes de communication non violentes, de développement personnel seront une façon de pratiquer Swadhyaya. L'étude nous amène à mieux prendre conscience de nos limitations physiques, psychologiques et culturelles pour progressivement améliorer nos propres comportements.

5)Ishwarapranidhana: la confiance en notre source divine.

Cette règle de conduite me parait évidente dans le sens ou les Yogas Sutras étaient destinés aux brahmanes. Et il est vrai que les pratiquants actuels de yoga choisissent souvent cette activité pour contrer le stress ou pour se détendre et rare sont ceux qui ont une démarche spirituelle au départ. Avec une pratique régulière, certains découvrent d'autres niveaux de réalités et de conscience et ouvrent cette porte qu'est la spiritualité, la recherche de la compréhension des lois supérieures de la vie.

En effet, si l'on fonctionne en accord avec notre conscience supérieure, en nous abandonnant totalement au divin en nous (quel que soit son nom : Dieu, l'énergie cosmique, la force supérieure, la nature, ...), par la confiance totale en la vie, en nous-même et en les autres, alors nos choix de vie se réalisent sans embuche, les choses semblent couler de source, et nous emmènent vers un « état de grâce » spontané.

D'ailleurs, durant mon parcours professionnel, j'ai accompagné de nombreuses personnes dans leurs démarches de projets d'orientation professionnelle et j'ai constaté que souvent, les personnes qui s'autorisaient à suivre leurs envies, avaient des opportunités d'évoluer vers leur projet avec facilité. Par contre, celles qui restaient accrochées à leurs peurs (de manquer, du changement, …) et leurs ruminations, celles-ci avaient du mal à retrouver une activité professionnelle stable et épanouissante. Pour moi, il s'agit bien ici d'Ishwarapranidhana.

Il est clair qu'aujourd'hui, nous sommes dans un monde gouverné par la peur, l'ignorance et le matérialisme. Et nos principales préoccupations personnelles sont souvent de cet ordre : vais-je avoir assez d'argent pour finir le mois, assez de lait pour nourri mon bébé ; si je prends un congé parental, je risque de perdre mon emploi ; si je donne le sein dès que mon enfant le demande, il risque de prendre de mauvaises habitudes ; s'il dort dans notre lit, il risque de ne pas être autonome plus tard ; et tout ceci fait partie des projections de notre mental et engendre un stress supplémentaire à notre corps et donc à notre lactation.

Lors de ma formation d'enseignante de yoga, mon professeur comparait notre fonctionnement humain à un lac. Si le lac est agité, les eaux sont troubles et on ne peut rien percevoir au travers; par contre, s'il est calme, nous pouvons distinguer les fonds. Il en est de même pour nous : pour que notre essence profonde puisse s'exprimer, il est nécessaire que notre mental soit calme, car c'est ce dernier qui « parasite » notre âme. On peut également la nommer comme le siège de notre conscience, c'est parfois cette petite voix en nous, nos envies profondes. Là est la compréhension d'Ishwarapranidhana, la confiance en notre source divine.

L'allaitement, vu sous cet angle, est effectivement une ressource divine puisque notre corps de maman fabrique en quantité et en qualité les nutriments nécessaires au développement de notre enfant. C'est également grâce à l'allaitement et à l'ocytocine, que l'on peut créer et conserver des liens affectifs parentaux forts, l'envie de s'occuper de sa progéniture, développer son sens de l'empathie, augmenter la confiance en autrui et harmoniser ses relations sociales, donc la reconnaissance de l'autre.

Et plus notre conscience (de nous-même, des autres, du temps et de l'espace) s'étend, plus notre spiritualité s'accroît et vice versa. Mais la spiritualité a aussi un impact sur notre santé en général. D'ailleurs, dans *Le monde des religions* (n°54 : Les chemins de la guérison, La foi aide-t-elle à guérir ?) L'auteur Jean Diseroi rapporte l'article publié en 2001 par l'université d'Oxford qui synthétisait plus de 1 200 études sur la question : « il en ressortait que croire, prier, pratiquer une religion amène à une meilleure résilience aux maladies mentales comme la schizophrénie, et a une action positive sur la pression artérielle et les fonctions immunitaires ». Un autre article publié dans LE JOURNAL DE tome médecine alternative et complémentaire 14 (numéro 2, 2008, MATTHEW W. ANASTASI, BS, et Andrew B. Newberg, MD) présente les effets de rituels religieux sur l'anxiété. Il en ressort que « les interventions rituelles, comme le Rosaire, peut avoir des effets bénéfiques sur les aigus l'état d'anxiété… ».

Ainsi, ce choix d'allaiter qui pouvait nous paraître difficile à mettre en place, peut devenir peu à peu, si l'on devient attentif et conscient de nos actes, un véritable temps de plaisir partagé avec son enfant, où pendant quelques instants, plus rien d'autre n'existe, on est en osmose parfaite.

Ishwarapranidhana est aussi interprété par l'offrande de toutes nos actions au divin, à Dieu ou à la Nature, dans le sacré de nos actes. Cette observance est plutôt pour enraillé toute possibilité de démesure de l'égo. Car si l'on renonce au fruit de chaque geste, l'égo ne peut se développer et nous restons humbles. Et allaiter n'est pas en soi un concours de la meilleure maman, de celle qui a le plus de lait ou qui materne le mieux ; allaiter selon le principe d'Ishwarapranidhana, c'est une dévotion à la nature humaine, à la construction d'un nouvel être qui a besoin de ce lait nourrissant, de ce contact de peau à peau, de cette sensation d'être protéger. Nous n'allaitons pas pour nous même, c'est un processus naturel d'évolution de l'espèce humaine, de la Nature.

« La vraie spiritualité consiste à être conscient du fait que,
si une relation d'interdépendance nous lie
à chaque chose et à chaque être,
la moindre de nos pensées, paroles ou actions
aura de réelles répercussions dans l'univers entier. »

Sogyal Rinpoché

LES POSTURES

En respectant les principes du yoga, toute posture en elle-même est bonne, à condition qu'elle ne fasse aucunement souffrir. Les asanas (les postures) pourront donc être pratiquées dès l'accouchement en fonction des capacités de chacune.

D'une manière générale, on conseille d'attendre 6 semaines après l'accouchement avant de reprendre une réelle activité physique, le temps que le corps et les ligaments reprennent leurs tonicités.

Il est pourtant important de rester « connecté » à son corps dès la naissance de notre enfant. Car chaque naissance est chargée d'émotions plutôt fortes et comme une émotion déclenche systématiquement un comportement, cela se matérialise par des contractions musculaires corporelles. La solution est de rester attentif à son corps et l'un des moyens d'y parvenir est la pratique d'asanas qui va mobiliser entre autre l'ensemble musculaire.

L'autre intérêt des postures est d'avoir une action indirecte sur les pensées en s'adressant au corps ; par exemple, en cas d'anxiété, les pensées obsessionnelles sont difficiles à calmer, et agir par un exercice physique apporte également une détente mentale.
De plus, en développant le sens de l'observation de notre corps, nous prenons petit à petit conscience directement de notre état intérieur.

Je propose ici quelques postures susceptibles de favoriser le retour à l'équilibre corporel après la naissance. Il s'agit surtout d'exercices que l'on peut pratiquer dès l'accouchement et qui vont vous aider dans la mise en place de l'allaitement.

A vous d'apprécier la cohérence de chaque asana en fonction des bienfaits que vous pourrez en retirer.

« II.46- Pour bien vous installer dans votre posture, vous devez veiller à bien la prendre en vous relaxant totalement et en vous installant de façon ferme et solide. Toute crispation doit être éliminée.

II.47- La pensée doit être dirigée dans la posture de façon à être totalement et fermement absorbée dans celle-ci. Ceci conduit à une identification totale avec l'essence de la posture.

II.48- Grâce à ce travail, vous êtes moins influencés par toutes les perturbations extérieures et vous arrivez à discerner la conciliation des contraires. »

Yoga Sutras de Patanjali, chap. 2
Traduction et interprétation de L. COUDRON

- *SAVASANA « LA POSTURE »*

S'allonger sur le dos, et vérifiez qu'il n'y a pas de points de contacts douleurs, que votre corps est détendu de manière harmonieuse.

Les jambes légèrement écartées, les pieds tombant librement vers l'extérieur, si vous sentez des douleurs dans les lombaires, mettez un coussin sous les genoux pour soulager le dos.

Les bras le long du corps, les paumes des mains dirigées vers le ciel.

La tête dans le prolongement de la colonne vertébrale et le menton légèrement rentré vers le sternum.

Les épaules relâchées et le visage complètement détendu.

C'est LA posture de relaxation, elle élimine la fatigue, calme le mental. Permet de dissiper le stress et d'évacuer les tensions musculaires.

REMOBILISER LE BASSIN

•LA VAGUE

Allongé sur le dos, en posture de Savasana. Si la posture est inconfortable, vous pouvez venir poser vos plantes de pieds au sol, ce qui soulagera le bassin.
Inspirez tout d'abord dans votre ventre.
A l'expire, le ventre se relâche.
Il est possible de garder une main sur son ventre pour mieux ressentir les mouvements.

Puis à la prochaine inspiration, accentuez le mouvement abdominal en creusant légèrement le bas du dos de manière à effectuer une légère antéversion du bassin,
A l'expiration, basculez tout doucement le bassin en sens inverse, en rétroversion et plaquez le bas du dos au sol.
Recommencez, inspirez en creusant le bas du dos. Observez ce qui se passe dans tout votre corps. Puis observez ce qui se passe à l'expiration lorsque le bas du dos est plaqué au sol.
Continuez ce mouvement de vague, cette ondulation. Appréciez ce massage doux du dos.
Observez les zones qui sont concernées, étirées.
Observez également les mouvements de l'abdomen et du diaphragme.

Refaites l'exercice plusieurs fois.

Puis restez en détente quelques instants.

Cet exercice va vous permettre de rester en contact avec votre bassin, zone largement sollicitée par la grossesse et l'accouchement. Le fait de le mobiliser progressivement va décontracturer les muscles du dos et les lombaires et va progressivement remuscler les abdominaux et favoriser la respiration par un massage du diaphragme.

•APPROCHE DE MULABANDHA (APPRENTISSAGE DISSOCIÉ)

Allongé sur le dos, en posture de Savasana. Posez vos plantes de pieds au sol, ce qui soulagera le bassin et vous permettra de mieux sentir les mouvements du périnée.
Tout comme l'exercice de la vague ci-dessus, inspirez tout d'abord dans votre ventre.
A l'expire, le ventre se relâche.

Puis maintenant, inspirez, puis à l'expiration contractez les cuisses, relâchez bien tout le reste du corps, les abdominaux, les fessiers, le périnée. Essayez de bien faire la différence, cuisse gauche, cuisse droite.
Inspirez en relâchant doucement. Recommencez deux autres fois.

Puis inspirez et à l'expiration, contractez les fessiers. Relâchez bien tout le reste du corps, les abdominaux, les cuisses, le périnée. Faites bien la différence, fessier gauche, fessier droit. Recommencez deux autres fois.

Puis inspirez et expirez en contractant progressivement les muscles du périnée. Visualisez bien tous les muscles du périnée. Tous les muscles du périnée sont sollicités, en douceur, ils sont toniques sans être trop tendus.
Ressentez bien la différence entre le moment où vos muscles pelviens sont relâchés et le moment où ils sont sollicités. Par contre, il ne faut aucune perception de souffrance ; si une quelconque sensation de douleur apparait, relâchez les muscles du périnée.

Rester bien à l'écoute de votre corps, ce périnée qui vient de vivre une expérience sans précédent, est toujours mobilisable, il doit toutefois être bougé avec parcimonie.

Ressentez bien la différence par rapport aux cuisses, aux fessiers. Relâchez bien les cuisses et les fessiers. Inspirez en relâchant totalement les muscles du périnée.

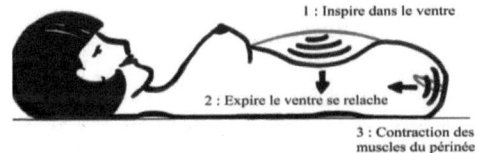

Expirez à nouveau en contractant tous les muscles du plancher pelvien, et les muscles profonds du petit bassin, comme si vous pouviez le faire légèrement remonter vers l'intérieur de votre ventre. Sentez bien cette région qui se contracte doucement. Inspirez en relâchant totalement les muscles.

Expirez en contractant légèrement les sphincters, les releveurs uro-génitaux de la symphyse pubienne à l'anus, avec la sensation qu'ils vont « remonter » vers l'intérieur du bassin. Inspirez en relâchant. Détendez bien votre corps.

Si la contraction du périnée est impossible pour des raisons de douleurs, d'épisiotomie ou autres, il est toujours possible d'imaginer ce plancher pelvien et de faire l'exercice par visualisation jusqu'à la guérison ou l'absence de sensations douloureuses.

•SE LEVER APRÈS UNE CÉSARIENNE

1. De la position allongée sur le dos, inspirez.
1. A l'expire, pliez les jambes et remontez les genoux sur la poitrine, inspirez.
2. A l'expire, basculez sur le côté, toujours en gardant les jambes fléchies et en s'aidant des bras, pour se retrouver à 4 pates, inspirez.

3.Puis à l'expire, venez poser un pied devant soi, Puis l'autre pied, les mains étant toujours posées au sol.

4.En gardant les genoux bien pliés et le dos droit, , prenez une inspiration et redressez progressivement le corps ; si nécessaire, vous pouvez vous appuyer sur les cuisses avec vos mains.

Cette manière de procéder vous permet de protéger vos lombaires, en se servant de la force de ses jambes et surtout en pliant les genoux.

On peut également l'utiliser lorsque l'on prend bébé dans les bras.

SOULAGER LA PARTIE HAUTE DU CORPS

•*MOUVEMENTS TÊTE ÉPAULES*

En position assise, confortablement, le dos droit, le menton légèrement rentré, vous pouvez garder votre bébé dans vos bras, celui-ci étant bien calé avec un coussin (type coussin d'allaitement), pour éviter tout poids supplémentaire.

Menton sternum

Inspirez en redressant le dos, avec la sensation de se grandir, puis expirez en abaissant le menton vers le sternum.
Inspirez de nouveau en relevant le menton vers le ciel sans pour autant creuser le dos, avec la sensation d'étirer les muscles du sternum à la gorge, puis expirez en abaissant le menton vers le sternum. Refaites l'exercice deux autres fois.

Menton épaules

Inspirez en redressant le dos, avec la sensation de se grandir,
expirez en tournant la tête à droite, de manière à rapprocher le menton de l'épaule droite,
Inspirez en revenant de face,
Expirez en tournant la tête à gauche.
Refaites l'exercice deux autres fois.

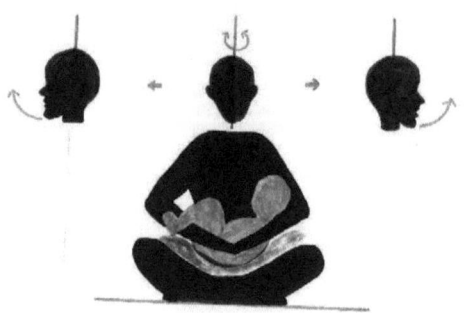

Inspirez en redressant le dos, avec la sensation de se grandir, expirez en rapprochant l'oreille droite de l'épaule droite,
inspirez revenez de face, expirez en rapprochant l'oreille gauche de l'épaule gauche.
Refaites l'exercice deux autres fois.

Puis en respirant normalement, roulez les épaules. D'abord vers l'avant, plusieurs fois de suite, puis en arrière, les deux épaules en même temps et enfin, une épaule après l'autre. Cessez l'exercice, fermez les yeux et observer quelques instants ce qu'il se passe dans cette partie du corps

Ces exercices vont déjà vous permettre de prendre conscience de votre nuque et de vos trapèzes, de les mobiliser et de les dénouer en cas de tension. C'est en général la première zone touchée en cas de stress, il sera important de proposer à une jeune maman d'effectuer ces mouvements afin de se sentir à l'aise dans les positions d'allaitement et dans les soins donnés au nouveau-né (qui sollicitent beaucoup le haut du dos).

•**Variante de gomukhasana, la tête de vache**

Asseyez-vous sur les talons, ou si cela n'est pas confortable jambes écartées ou croisées, avec toujours la possibilité de mettre un coussin sous les fesses.
A l'inspiration, levez le bras gauche et repliez-le de façon à aller chercher votre main droite derrière votre dos.
Pensez à conserver votre dos droit en repoussant le nombril vers la colonne vertébrale pour vous redresser. Gardez toujours en tête de préserver votre périnée, donc, si vous ressentez une pression vers le bas, n'hésitez pas à le remonter légèrement avant de prendre la posture. Si la position est toujours inconfortable, n'hésitez pas à en trouver une qui vous convient mieux.

Les yeux fermés, respirez paisiblement en portant toute votre attention sur le côté droit.
Sentez bien l'ouverture du côté droit depuis la taille jusqu'en haut du coude.
Le coude est bien étiré, vers le haut et vers l'arrière, accolé à la tête.
Restez dans la posture en fonction de votre état de confort.
Pour sortir de la posture, prenez une inspiration et à l'expiration, relâchez les mains et laissez les bras le long du corps.
Prenez toujours quelques instants avant d'enchaîner de l'autre côté.

SOLLICITER LA COLONNE VERTÉBRALE

• *TORSION*

Les torsions sont des mouvements effectuées de manière naturelle de nombreuses fois pour allaiter, surtout lorsqu'on allaite dans son lit.

En partant de la position Savasana, prenez une inspiration et à l'expiration, pliez les genoux, les plantes de pieds étant posées au sol. Vous pouvez légèrement contracter le périnée et le garder ainsi sur la prochaine respiration.

A la prochaine inspiration, écartez les bras en croix. Puis à l'expiration, venez poser les jambes toujours pliées tout d'abord vers la droite, le genou gauche posé sur le genou droit. Dans la posture originelle, la tête est tournée vers la gauche.

Attention toutefois à votre plancher pelvien, qui doit avoir retrouvé un minimum de tonicité ou en tout cas, ne pas être en poussée.

Vous pouvez également caler votre bébé sur votre droite, entre le bras droit et les cuisses. Prenez le temps de bien respirer dans cette position, laisser le temps à votre corps de se relâcher progressivement, s'il y a des tensions, respirez dans cette zone, jusqu'à sentir une amélioration.

Pour sortir de la posture, prenez une inspiration, ramenez les genoux sur la poitrine, puis allongez progressivement les jambes. Même chose de l'autre côté.

•FLEXION LATÉRALE

Les flexions latérales sont très peu utilisées au quotidien. Pourtant elles permettent de mobiliser le dos et l'ensemble de la cage thoracique dans le plan frontal, qui, il ne faut pas l'oublier, est un des axes articulaires de la colonne vertébrale.

Pour des raisons pratiques, l'exercice peut être fait dans la position assise sur son lit, si possible en lotus ou les jambes croisées. Vous pouvez caler votre bébé entre vos jambes et pratiquer la posture en le regardant.

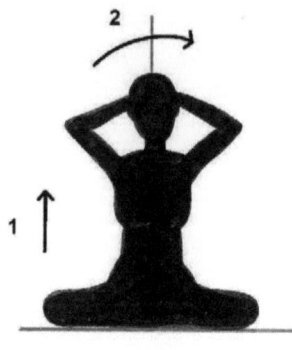 

Une fois bien installée, prenez le temps de vérifier la position de votre dos, bien droit, les épaules relâchées, le visage détendu. Prenez une inspiration et venez croiser les doigts derrière la tête.

A l'inspiration, flexion latérale vers la droite, en rapprochant le coude droit du sol. Etirez bien le coude gauche vers le ciel de manière à étirer également toute la partie gauche de la cage thoracique. Respirez bien dans cette partie du corps, prenez le temps d'observer le relâchement musculaire du tronc gauche qui se fait progressivement par la respiration.

Effectuez 5 ou 6 respirations dans la posture, à l'inspiration suivante, redressez doucement la colonne vertébrale, puis à l'expiration ramenez les bras le long du corps et gardez quelques instants pour observer ce qu'il se passe dans votre corps avant d'enchainer la posture de l'autre côté.

• *EXTENSION*

Yoni mudra, le sceau du yoga.

Cette posture amène un fort travail des épaules, le redressement du dos et l'ouverture thoracique, avec une attention sur les zones diaphragmatique et scapulaire, sans oublier un étirement lombaire et fessier.

Asseyez-vous confortablement, jambes écartées, en lotus ou en tailleur. Faites toujours attention à votre périnée qui ne doit pas être sur-stimulé dans la posture. Sentez votre posture et redressez-vous.

Joignez vos mains derrière votre dos, les paumes l'une contre l'autre et les doigts entrelacés.

Dans un premier temps, rapprocher les omoplates en exerçant une traction sur les bras et les poignets. Veillez toujours à la position de la nuque, détendue dans l'axe vertébral.

Si vos jambes sont écartées et que les ischio-jambiers sont un peu courts, il est possible de plier légèrement les genoux pour être plus confortable dans la posture. Sentez que cette attitude ouvre complètement le haut de la poitrine, puis contractez doucement le périnée, faites une légère antéversion du bassin en cambrant légèrement les reins pour vous redresser et en conservant votre dos et votre tête aussi droit que possible. Faites ensuite remonter les mains le plus haut possible.

Si la position est confortable, vous pouvez prendre une inspiration et à l'expiration, lentement, en regardant devant vous, descendez comme si vous vouliez poser le sternum sur le sol ; ne descendez pas plus loin que ce que votre corps vous autorise, accepter vos propres limites du moment.

Pour sortir de la posture, prenez une inspiration en conservant le dos bien droit et remonter progressivement. A l'expiration, relâchez les mains, dénouez les poignets, faites rouler les épaules, secouez les mains pour rétablir la circulation et détendez-vous.

•FLEXION AVANT

Balasana, la posture de l'enfant

Asseyez-vous sur les talons. Vos bras de chaque côté du corps. Vos genoux sont écartés la largeur des hanches ou plus ouverts encore si votre poitrine est douloureuse. (Si vos fesses ne touchent pas vos talons ou si vous ressentez de l'inconfort au niveau des genoux : placez un coussin entre vos fesses et vos talons.)

Ouvrez la poitrine en roulant les épaules vers l'arrière et vers le bas. Placez votre tête dans l'alignement de la colonne vertébrale et imaginez que le dessus de votre tête essaie de rejoindre le plafond. Respirez lentement et profondément.

Inspirez, contractez légèrement le périnée et grandissez-vous du bout du coccyx jusqu'au sommet du crâne. Expirez, penchez-vous en avant à partir des hanches et déposez le front sur le sol. Restez bien conscient des possibilités de votre corps, et n'hésitez pas à adapter la posture s'il y a un quelconque inconfort tel qu'une tension trop forte au niveau du périnée.

Les bras sont sur les côtés, les paumes orientées vers le haut ou vers le sol.

Fermez les yeux, et restez ainsi jusqu'au moment où votre corps vous le dira. Soyez à l'écoute. Inspirez et expirez lentement et profondément. Respirez bien dans votre dos, sentez vos côtes suivre le mouvement de votre respiration, les muscles dorsaux se relâcher.

Pour sortir de la posture, posez vos paumes de main de chaque côté, au niveau de la poitrine, prenez une grande inspiration et en expirant, poussez sur vos mains, gardez le dos droit et ramenez le torse à la verticale.

Cette posture douce étire les muscles du bas du dos et la colonne vertébrale, ce qui crée de l'espace entre les vertèbres. Elle permet de relâcher et détendre les épaules, le cou et la tête. Elle fournit également un massage aux organes abdominaux, leurs apportent de l'oxygène et les décongestionnes. Elle calme le système nerveux et aide à réduire le stress et l'anxiété en apaisant le mental et les émotions, ce qui favorise l'introspection et le lâcher prise et permet de se recentrer.

Précautions :
En cas de problème de pression artérielle, placez un coussin ou une couverture pliée sous le front, ou posez vos deux poings l'une sur l'autre pour avoir la tête à la même hauteur que la colonne vertébrale.
Si vous avez une sensitivité au niveau des genoux, placez une couverture pliée ou un coussin sous les genoux.
Si la pression de la poitrine sur les genoux vous rend inconfortable et rend la respiration moins fluide, ouvrez encore plus les genoux.

Paschimothanasana, la pince

Asseyez-vous, les deux ischions bien posés au sol, les jambes écartées avec les genoux fléchis de manière à avoir les cuisses à 45° du sol et placez les mains sur les cuisses.
Inspirez profondément toujours en remontant légèrement le périnée (toujours sans inconfort), et relevez le haut du corps afin d'avoir la colonne vertébrale bien droite. Les orteils sont pointés vers le plafond. Tendez les bras au-dessus de la tête en étirant tout votre corps, jusqu'à ce que vous soyez parfaitement à l'aise.
Après l'inspiration, expirez et commencez à rapprocher votre ventre de vos cuisses. Le haut du corps reste dans le prolongement des lombaires et va vers l'avant. Les

fesses restent plaquées sur le sol, le dos est toujours bien droit et les bras sont tendus devant vous.

Penchez-vous jusqu'à ce que le ventre soit complètement plaqué contre les cuisses, puis laissez enrouler le haut du corps, avec si possible la tête reposant sur les jambes, tendez les bras de chaque côté de manière à attraper les chevilles ou les pieds, ou simplement entourer les genoux avec les bras.

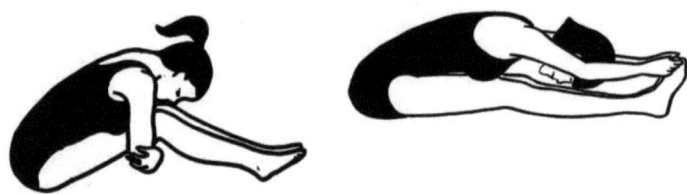

Si la posture est confortable, poussez les talons vers l'avant afin de tendre progressivement les jambes.

Si la posture est inconfortable pour le périnée, ne descendez les jambes que jusqu'à votre point limite, celui qui permet au plancher pelvien de ne pas être trop en tension, accrochez vos pieds ou vos mollets avec vos mains, détendez-vous et commencez les exercices de respiration. Avec de l'entraînement, vous parviendrez à descendre à chaque fois un peu plus bas.
Pour quitter la posture, reprenez les étapes à l'envers.

Les bienfaits sont notamment dans l'étirement des muscles du dos, des hanches et de l'arrière des jambes ; c'est une très bonne posture pour détendre tout le dos.

LE SOUFFLE

Pour les respirations yogiques, on parle de Pranayama en référence aux Yoga Sutra de Patanjali.

Le pranayama peut être défini comme la discipline du souffle au travers de l'énergie vitale. Elle est définie dans Wikipédia suivant les termes suivant :

- Le prana représente ce qui est mobile, ce qui bouge, ce qui circule.

    Pra signifie premier, avant,

    Ana signifie respirer, être animé.

    Le prana c'est aussi l'observation des sensations de son corps, la conscience de soi.

- A-yama est un mouvement respiratoire orienté et canalisé.

    Yam correspond à « maintenir, retenir »,

    A est un préfixe directionnel ou extensif « jusqu'à »

    Ayama, c'est l'action de prolonger la rétention

Donc, le pranayama, c'est allonger le souffle pour augmenter le prana et donc la vitalité. Il s'appuie sur notre respiration pour faire circuler cette l'énergie vitale.

C'est donc un moyen efficace pour une jeune maman allaitante de retrouver ou de se maintenir en forme.

Pour favoriser le processus de lactation et endiguer nos mécanismes de pensées négatives, de peurs ou sentiments d'épuisement, l'une des actions rapide et efficace est de respirer.

En effet, les muqueuses du nez sont en connexion avec le rhinencéphale, le cerveau limbique, celui des émotions. Or en yoga, nous respirons par le nez. On peut donc agir directement sur la stimulation sensorielle de la muqueuse du nez par des respirations conscientes. Cela modifie l'information sur la zone émotionnelle et permet de nous détacher de nos émotions perturbatrices.

Les pensées sont effectivement déclencheuses d'émotions et de sentiments agissant sur les manifestations physiologiques. Comme le cerveau ne peut faire deux choses à la fois, l'individu est soit dans son corps de sensation, soit dans son mental. Du coup, la respiration est un support idéal pour la pensée car la respiration consciente demande une concentration continue : j'inspire en quatre temps, j'expire en six temps (j'inspire : 1, 2, 3, 4, j'expire : 1, 2, 3, 4, 5, 6) ; on peut donc s'appuyer sur la respiration comme levier pour modifier un fonctionnement corporel.

Par la respiration, on libère également une tension émotionnelle, ce qui engendre la détente des tensions du corps. Une tension musculaire est le reflet d'une émotion négative liée à un vécu, ce qui entraîne une sensation désagréable dans le corps.

Agir sur la sensation agit sur le prana, qui agit sur le souffle
Agir sur le souffle agit sur le prana qui agit, sur les sensations.

« Lorsque le souffle est agité, l'esprit est agité.
Lorsque le souffle est immobile, l'esprit est immobile,
c'est pourquoi on doit suspendre le souffle. »

Hatha Yoga Pradipika, chap. 2 verset 2.
Traduction et interprétation de L. COUDRON

D'où l'importance pour les jeunes mamans de pratiquer des respirations yogiques. Ces respirations peuvent être effectuées à tout moment de la journée, mais aussi juste avant les temps d'allaitement.

Respirer profondément calme la maman ainsi que le bébé, et ils seront tous les deux plus sereins et épanouis dans leur relation naissante.
De plus, une mère détendue physiquement et émotionnellement facilite la réaction d'éjection du lait.

Un temps régulier de respiration, par exemple avant les tétées, permet d'apprécier ces moments privilégiés et de les vivre en toute conscience, aussi souvent et longtemps que le bébé le désire.

LA RESPIRATION

La respiration se fait toujours par le nez. On inspire par le nez et on expire par le nez. Tous les exercices de respiration commencent par l'expiration.

Attention :
Evitez absolument de retenir votre souffle (poumons vides et surtout poumons pleins) si vous souffrez de tension artérielle ou d'épilepsie.

- *LA POSITION DE DÉPART*

Si cela est possible, les yeux sont fermés afin de mieux ressentir ce qu'il se passe en soi-même. Si au départ cela vous semble difficile, vous pouvez garder les yeux ouverts et regarder votre bébé.

Si vous êtes seule
En position allongée sur le dos, les jambes légèrement écartées, les pieds tombant librement vers l'extérieur.

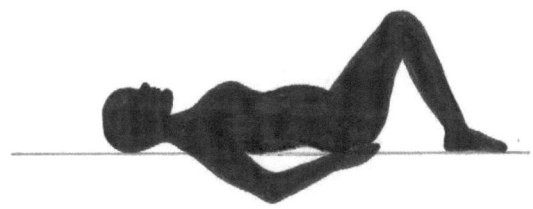

Ou en position assise confortablement, le dos droit, le menton légèrement rentré.

Si vous souhaitez garder votre bébé à coté de vous :

En position allongée sur le dos, les jambes légèrement écartées, les pieds tombant librement vers l'extérieur, bébé ayant son ventre contre votre ventre, on peut le caler dans nos bras avec des coussins de chaque côté de notre abdomen.

Ou, en position assise confortablement, votre bébé posé sur un coussin (type coussin d'allaitement), et bien calé dans vos bras.

•PRISE DE CONSCIENCE DE LA RESPIRATION

En position allongée sur le dos ou assise confortablement, avec ou sans bébé, si possible les yeux fermés.
Prenez conscience de ce qu'il se passe au niveau du rythme des respirations.

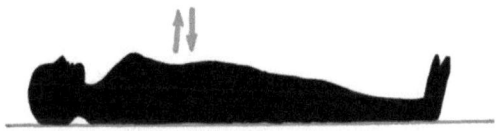

Prenez le temps d'observer ce qu'il se passe au niveau du ventre, au niveau de la poitrine.
Restez dans l'observation de votre corps et de votre respiration naturelle.

•LA RESPIRATION ABDOMINALE

En position allongée ou en position assise confortablement, les mains posées de chaque côté du nombril, prenez le temps d'observer votre respiration naturelle.

Puis prenez conscience de votre ventre. Observez la mobilisation de votre ventre.
Observez la relation entre l'abdomen et la respiration.
Observez les mains qui bougent en fonction du rythme des respirations.
Techniquement, le ventre ne se gonfle pas d'air, c'est le mouvement ascendant et descendant du diaphragme qui amène le ventre à se gonfler.

Il est possible de visualiser son ventre se gonfler et se dégonfler comme un ballon.
A chaque inspiration, le ventre se gonfle, les mains s'écartent du nombril.

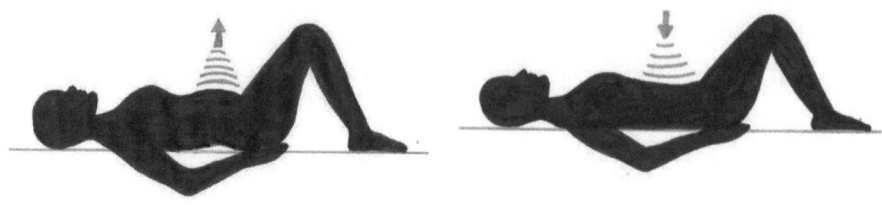

A chaque expiration, le ventre s'abaisse, les doigts se rapprochent.

Lors de l'expiration, sentir l'air sortir du corps, l'abdomen revenant à sa position initiale.

Pratiquer une dizaine de respirations.

Cette respiration a un effet calmant, apaisant et permet une relaxation totale. Les mouvements de « piston » du diaphragme améliorent la circulation veineuse et le cœur est bien alimenté par le sang. Par les mouvements de va et vient, le diaphragme produit également un massage efficace à la fois doux et puissant sur les organes intestinaux, et par là même les décongestionne. Il est possible d'entendre son ventre « chanter des glouglous», ce qui démontre l'activation des mouvements péristaltiques du tube digestif. Il faut mentionner ici l'action décongestionnant de cette respiration sur le plexus solaire, le plexus où se loge l'anxiété.

•LA RESPIRATION THORACIQUE

En position allongée ou en position assise confortablement,

Les mains posées au niveau des cotes flottantes, juste au-dessus de la taille.

Prenez conscience de la partie supérieure de la taille, des côtes flottantes.

Observez la mobilisation des côtes. Respirez uniquement par les côtes, en les sentant se soulever et s'étendre de chaque côté.

Observez la relation entre le thorax et la respiration.

Observez les mains qui bougent en fonction du rythme des respirations.

Il est possible d'imaginer que son thorax ressemble à un accordéon, visualiser les côtes faisant un va et vient comme le soufflet de l'accordéon.

A chaque inspiration, les côtes s'étendent de chaque côté, les mains s'écartent.

A chaque expiration, les côtes reviennent à leur position initiale.

Faites cet exercice une dizaine de respirations.

C'est la respiration spontanée chez la plupart des personnes. Si elle est pratiquée dans la dynamique de l'apprentissage de la respiration complète yogique, elle aura pour effets le rafraîchissement de la circulation sanguine vers le foie, la rate, l'estomac, la vésicule biliaire et les reins. De plus, elle favorise l'élasticité de la cage thoracique.

- *LA RESPIRATION CLAVICULAIRE*

En position allongée ou en position assise confortablement, amenez les mains sur le haut de la poitrine, juste en dessous des clavicules. L'attention est dirigée vers les clavicules et la partie supérieure des poumons. Physiquement, elle consiste à remplir la zone sous claviculaire. Les clavicules se soulèvent légèrement, mais les épaules ne doivent toujours pas monter.

Inspirez uniquement par le haut de la poitrine et sentir les mains qui se soulèvent très légèrement. Expirez lentement et sentez les mains qui s'abaissent lentement.
Pratiquez 5 à 10 respirations claviculaires.
Cette respiration s'emploie dans le cadre de l'apprentissage de la respiration complète et uniquement en complément des respirations abdominale et thoracique.

Tout comme la respiration thoracique, la respiration claviculaire n'est pas en soi la respiration optimum. Dans la recherche de l'apprentissage de la respiration complète yogique, elle aura pour effets l'aération complète de la partie supérieure des poumons ce qui permet d'éviter l'affections des voies respiratoires et le renforcement du système lymphatique.

•LA RESPIRATION COMPLÈTE

En position allongée ou en position assise confortablement,
La dernière étape intègre toutes les étapes précédentes.
Il est conseillé de mettre une main sur l'abdomen et l'autre main sur les côtes.
Le début de l'inspiration se fait au niveau abdominal, puis continue au niveau thoracique, pour se finir au niveau claviculaire.

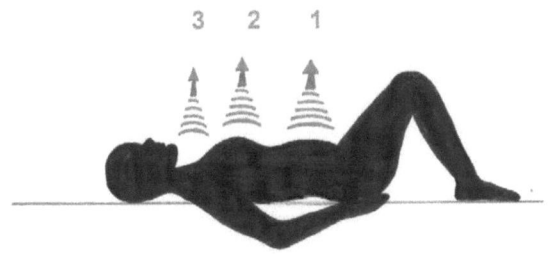

En inspirant, on peut ressentir l'abdomen se gonfler, puis les côtes se soulever et s'étendre latéralement et ensuite le haut de la poitrine se soulever.

Lors de l'expiration, relâchez l'abdomen, les côtes puis le haut de la poitrine.

Faites plusieurs respirations complètes en suivant cette étape.

Puis prendre quelques instants pour ressentir l'effet de la respiration complète sur son corps et son esprit.

La respiration complète procure une relaxation profonde tout en tonifiant l'organisme, et permet la prise de conscience de l'individu dans sa globalité. Elle est un outil précieux de détente et de gestion émotionnelle.

LES RESPIRATIONS YOGIQUES

•*LA RESPIRATION CARRÉE*

Assis confortablement. Inspirez et expirez lentement en respectant les modulations de la respiration complète. Observez la durée de l'inspiration et de l'expiration.

Faites en sorte d'équilibrer le temps de l'inspire et de l'expire. Ce peut être 2 temps d'inspiration et 2 temps d'expiration (ou 3 et 3, ou 4 et 4).

Puis maintenant, intégrez une rétention du souffle, d'une durée équivalente de la respiration que vous venez de faire, à la fin de l'inspire (poumons pleins) et à la fin de l'expire (poumons vides) : inspiration, suspension poumons pleins, expiration, suspension poumons vides.

Evitez toute suspension poumons pleins si vous avez des problèmes pelviens (épisiotomie, fuites urinaires, …)

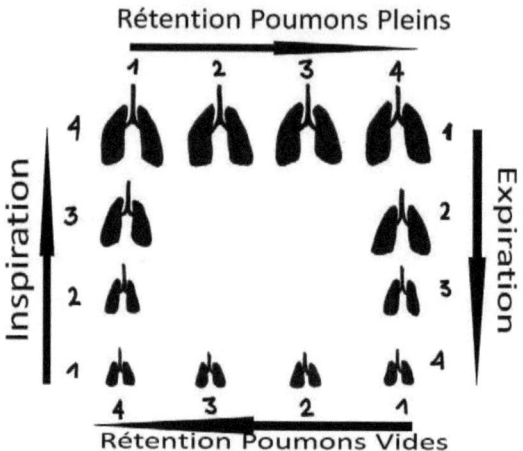

Cherchez à unifier le rythme respiratoire, en évitant les temps trop long au départ pour prévenir une quelconque suffocation.

Peut être, 2-2-2-2, si tel est le cas, et que vous êtes bien, recommencez une dizaine de fois. Puis progressivement, au cours de prochaines séances, vous pourrez augmenter la durée d'un temps. Par exemple 3-3-3-3, jusqu'au jour où vous serez capable de pratiquer la respiration carrée 4-4-4-4.

Prenez systématiquement quelques instants pour ressentir l'effet de la respiration sur son corps et son esprit.
Au-delà de la respiration complète, la respiration carrée est une des premières étapes vers la respiration alternée, par l'apprentissage du contrôle des temps de rétention. Les effets recherchés sont la détente respiratoire, la régularité et la concentration.

- *La respiration Alternée (Nadi Sodhana)*

Assis en position de tailleur ou de demi-lotus si possible;

Le bras gauche est le long du corps avec la possibilité de poser le dessus de la main gauche sur la cuisse, placez l'index et le majeur de la main droite entre les deux yeux et fermez la narine droite avec le pouce

Inspirez par la narine gauche, restée ouverte.

Puis fermez la narine gauche avec l'annulaire et ouvrez la narine droite en relâchant le pouce.

Expirez par la narine droite.

Puis recommencez immédiatement l'exercice en inspirant par la même narine que celle qui vient de servir à l'expiration (la droite), et continuez ainsi alternativement d'un côté et de l'autre.

Observez, ressentez l'air.

Un des effets essentiels de cette respiration est la dynamisation des 2 hémisphères cérébraux (l'hémisphère gauche traitant l'information de façon logique et

séquentielle, l'hémisphère droit l'information de façon intuitive et émotionnelle) et de l'équilibre du système nerveux en régulant le système nerveux autonome sympathique et le parasympathique.

- **AUTRES EXERCICES DE RESPIRATION**

Il existe aussi de nombreux petits exercices comme celui proposé ci-dessous que vous pourrez faire avant chaque méditation.

C'est un exercice de souffle très simple et très puissant parce qu'il participe à vider votre mental de schémas négatifs et vous remplir d'un état positif.

Par exemple, vous faites trois inspirations et expirations en toute conscience, puis inspirez la Lumière et expirez les idées sombres qui demeurent en vous. Faites cela trois fois.

Autre exemple, vous inspirez l'énergie d'Amour en essayant d'en garder le plus possible, puis vous expirerez tout ce qui n'est pas Amour en vous. Faites également cela trois fois.

Puis prenez le temps d'observer ce qu'il se passe en vous.

DE LA RELAXATION A LA MÉDITATION

La plupart du temps, nos pensées nous entrainent dans des méandres de réflexions liés à notre quotidien, voir des ruminations sur ce qui ne va pas ou ce qu'on n'a pas. Et tout ceci arrive en général sans qu'on en ait conscience, sans que l'on se rendre compte que ces pensées engendrent aussi des émotions souvent perturbatrices pour notre corps.

Prendre le temps d'observer ses pensées, c'est aussi prendre le temps d'observer ses émotions en toute conscience et de les reléguer à la place qui est la leur : un mode de fonctionnement du mental. Et se dissocier du mental permet de se dissocier de la charge émotionnelle inhérente à cette pensée.

Comme nous l'avons dit dans le paragraphe précédent, le cerveau ne fait pas la différence entre une information réelle et une information imaginaire. C'est le point d'entrée pour apprendre à calmer son mental, donc apaiser ses émotions, relâcher son corps physique et par conséquent favoriser la lactation.

Une jeune maman qui vient de mettre au monde son bébé est chargée d'émotions et sentiments d'amour, mais elle est aussi sujette à de nombreuses inquiétudes liées au bien être de son nourrisson : est-il bien, a-t-il pas assez ou trop chaud, tète-t-il bien et suffisamment, pourquoi pleure-t-il, suis-je capable de bien m'en occuper malgré mon état de fatigue ?

Toutes ces réflexions sont sources de stress, et non seulement elles se répercutent sur la lactation mais aussi sur le bébé qui est relié émotionnellement à sa maman.
Et au-delà de la fatigue physique et la charge émotionnelle liée à l'accouchement, survient entre le deuxième et le quatrième jour après l'accouchement, la période du « baby blues » qui dure en moyenne deux jours. Environ la moitié des <u>femmes</u> connaissent cet épisode et dans la majorité des cas, cet état ne se prolonge pas au retour à domicile. Il associe une émotivité importante et un sentiment d'incompétence, souvent sans lendemain, mais qui peut influencer aussi grandement la mise en route de l'allaitement puisqu'il intervient en même temps que les premières montées de lait. Etre à l'écoute de tous ces chamboulements et pratiquer au moins la relaxation permettra de mieux gérer ce passage parfois déroutant.
Puis plus les jours passent, et souvent plus les nuits sont courtes. D'où l'importance de prendre le temps de se relaxer afin de mieux enchaîner les courtes nuits et les longues journées ; à titre d'exemple, l'effet d'un quart d'heure de méditation peut remplacer plusieurs heures de sommeil !
Pour aborder la maternité sous son meilleur angle, la relaxation (voire la méditation) apporte à une jeune maman des solutions immédiates, qu'elle pourra aussi réutiliser

dans les mois (et les années) futures.

Avant de se pencher plus en avant sur les différentes techniques, il est nécessaire de préciser quelques consignes indispensables à une pratique efficace :
Pour méditer, les yogis s'installent dans une position confortable qui permette de rester immobile avec les yeux fermés (ou fixés sur un sujet quand c'est l'objet de la méditation) pendant toute la pratique. En effet, l'immobilité physique induit un ralentissement des zones cérébrales liées aux cinq sens. Immobile et les yeux fermés, le corps n'émet plus de stimulation kinesthésique ou visuelle et donc inhibe la vigilance. Le cerveau est alors prêt pour ralentir ses ondes cérébrales et se mettre en onde Alpha.

Ces ondes cérébrales se décomposent en 4 niveaux :

Le niveau 4, très proche de l'état d'éveil, s'active d'une manière automatique dès que l'on prend une position confortable dans un fauteuil, ou allongé sur un lit, et que l'on ferme les yeux. A ce moment-là, notre cerveau ralentit les ondes cérébrales.

Puis si nous persistons plus longtemps, nous sentons alors tout notre corps se détendre, se relâcher.... c'est le niveau 3. Notre mental est encore très actif; nous sommes encore capables de penser à dix mille choses qui nous préoccupent.

Vient le moment où nous avons le sentiment de lâcher prise....d'être bien, nous serions à ce moment presque incapable de savoir où nous sommes, à quoi nous pensions, c'est le niveau 2.

Puis juste après cette phase, nous nous abandonnons encore un peu, nous passons par le niveau 1, le niveau de base du rythme alpha, qui ouvre la porte de notre subconscient.

L'exercice de la méditation est de réussir à « maîtriser » cet état sans tomber dans le sommeil profond.

Les dernières découvertes du fonctionnement du cerveau, grâce aux scanners et IRM, ont mis en évidence l'état modifié de moines bouddhistes en état de méditation profonde ou d'extase mystique était lié à une extinction de l'aire d'orientation du cerveau. Ces perceptions vont vers la diminution du sentiment de soi, un sens de la réalité plus large jusqu'à des moments d'unité. Et l'expérience du Dr Jill Bolte Taylor, neuro-anatomiste, confirme cela. Dans son livre « Voyage au-delà de mon cerveau », elle raconte en détail son expérience d'un AVC (accident vasculaire cérébral) qui ne lui laisse que son hémisphère cérébral droit en activité. Elle explique l'état dans lequel elle plonge, l'absence de limites de son corps physique, l'état quasi mystique qui s'ensuit. Après 8 ans de rééducation, elle explique alors de nombreuses conférences et dans son livre que la « paix éternelle » est accessible au cœur même de notre cerveau.

L'objectif de la méditation pour la jeune maman est réduire son activité cérébrale et/ou de suggérer à son subconscient des images positives de bien-être physique et mental favorisant une relation harmonieuse avec son enfant (et ce fait, une bonne lactation).

Pour commencer, une jeune maman peut déjà pratiquer une relaxation simple en se concentrant sur ses sensations tout en conservant les yeux ouverts si cela est plus rassurant pour elle. Elle peut ainsi se relaxer en ayant son bébé dans les bras.

A chaque pensée négative, on peut rechercher un état plus apaisant et y associer un sentiment positif :

-En cas de frustration, de désir inassouvi, on peut rechercher la paix intérieure,
-En cas de douleur physique, on peut rechercher le lâcher prise,
-En cas de colère, on peut rechercher l'empathie, la bienveillance.

Il existe tout sorte de sujets de méditation qui vont canaliser le mental sur des sentiments positifs, l'important étant de choisir une pratique qui nous convienne.

Si la maman n'arrive pas à se relaxer par une rotation de la conscience sur le corps, c'est peut être que ce corps est encore douloureux pour elle, une visualisation sera alors plus adaptée à sa situation ; elle peut visualiser cette douleur, essayer de ressentir à quel niveau de son corps elle se situe, de l'imaginer sous forme d'objet ou de symbole, de sensations, de textures, de couleurs, puis visualiser qu'à chaque inspiration, elle apporte du prana, de l'énergie positive dans cette douleur, et qu'à chaque expiration, elle évacue les toxines liées à cette douleur.

Pour une mère qui découvre le yoga, elle pourra suivre la progression proposée ci-dessous Il est possible de ne faire qu'un à un les exercices proposés ou enchaîner les uns à la suite des autres. Elle peut aussi choisir en fonction des thèmes qui lui conviennent et bien évidement enregistrer les exercices pour les écouter à volonté.

QUELQUES EXEMPLES

-Se concentrer sur cet instant présent et unique,
-se centrer sur son souffle naturel, sa respiration, l'air qui entre et qui sort des narines,
-se centrer sur les bruits environnant, les bruits les plus éloignés du champ auditifs, puis les bruits plus proches à l'extérieur de l'immeuble, et enfin les bruits à l'intérieur de la pièce,
-être conscient de son corps, de chaque partie du corps,
-être conscient de ses pensées, de ses émotions,
-énoncer une phrase affirmative (ex : je suis tout à fait calme),
-évoquer la sensation de lourdeur, légèreté, chaleur, fraicheur,
-visualiser des objets, visions intérieures, trataka, bougie, objet rituel, mandala,
-se centrer sur les sons (avec sens linguistique, avec sens symbolique, ou dépourvu de signification),

-répéter un mantra : répétition de mots qui procure un effet hypnotique,
-les chants védiques, grégoriens,
-se centrer sur silence.

RELAXATION

Je m'installe avec mon bébé dans une position confortable de détente qui me convient, et je ferme les yeux pour me dissocier du monde extérieur. Je prends conscience de mes vêtements sur ma peau, des points de contact du fauteuil ou du tapis avec mon corps. J'inspire tranquillement en apportant le calme, j'expire doucement et je me laisse aller dans cette position de détente et de douceur pour moi-même et mon bébé.
A chaque respiration, je détends de plus en plus mon corps.

A chaque respiration, j'apprécie avec mon bébé ce moment de paix et de relaxation.
Je me concentre tout d'abord sur ma tête, toute ma tête. Je prends conscience de mon front, je relâche tous les muscles du front, les sourcils, les paupières, les yeux, je détends maintenant les joues, la bouche, les lèvres, la mâchoire supérieure et inférieure, la langue.

Je prends conscience que tout mon visage est détendu, le cuir chevelu est complètement relâché, toute ma tête.

Je me concentre sur la région du cou, je relâche les muscles du cou, de la nuque, des épaules, des bras, des avants bras et des mains, relâchement total jusqu'au bout des doigts.

Je peux maintenant prendre conscience de ma poitrine, de mon thorax, et je relâche toute cette partie du corps, mon sternum, mon thorax, mon diaphragme. Je ressens mes deux seins, ces organes qui sont en train d'évoluer, qui, comme par magie, alimente mon enfant en fonction de ses besoins, qui offre un lait riche de tous les nutriments et anticorps nécessaires au bon développement de mon bébé.

Je me concentre maintenant sur mon nombril et je relâche mon abdomen, mes abdominaux, et tout mon ventre, ce ventre qui a accueilli chaleureusement mon bébé tout au long de ses dernier mois, tout mon ventre se détend et reprend progressivement, et à son rythme, sa tonicité.

Puis je prends conscience de mon bas ventre, je me concentre sur mon schéma génital, j'observe toute cette zone qui a été largement sollicité pour permettre à mon bébé de venir au monde. J'imagine mon utérus comme un muscle aussi relâché que mes autres muscles. Un muscle souple et détendu. J'accueille aussi les contractions de mon utérus qui se repositionne grâce à chaque tétée, j'invite mon bassin à se replacer correctement, ma zone pelvienne à se re-tonifier, en douceur, à son rythme. Je prends conscience de mon vagin, lieu de passage ample et souple, conscience de mon périnée, ce muscle qui a laissé passer mon bébé. Je peux même le contracter volontairement pour mieux le ressentir.

Je relâche également les muscles fessiers, les muscles des membres inférieurs, mes chevilles, mes pieds.

Tout mon corps est détendu. Je prends conscience de la détente totale de mon corps, de ce lâcher prise.

Ma respiration est devenue plus calme, plus harmonieuse. Mon corps respire le calme, l'harmonie, la sérénité et la paix et je lâche prise davantage. J'accueille avec bienveillance ce corps de mère, qui à présent accompagne mon enfant dans ce monde. A chaque inspiration, j'emmagasine l'énergie nécessaire à mon rétablissement physique, au bon déroulement de ma lactation.

A chaque expiration, je lâche prise d'avantage et je laisse entrer en moi la force de cette énergie maternelle.

J'inspire l'énergie qui m'entoure et à l'expiration je l'envoie dans toutes les cellules de mon corps. J'observe ce qu'il se passe dans mon corps en laissant venir les sensations.
Dans ce calme et cette harmonie de mon corps je peux maintenant profiter de mon état de jeune maman et de donner à mon bébé tout ce dont il a besoin.

ROTATION DE LA CONSCIENCE DANS TOUT LE CORPS

Nous allons maintenant voyager dans tout votre corps. Vous allez placer successivement votre conscience dans les diverses endroits de votre corps et détendre consciemment chacune de ses parties. Votre conscience saute d'un point du corps à un autre aussi rapidement que possible.

Nous commençons par le pouce de la main droite, 2ème doigt, 3ème, 4ème, 5ème doigt.
Paume de la main, poignet, coude, épaule, aisselle,
Taille à droite, hanche, cuisse, genou, mollet,
Cheville droite, talon, plante du pied, gros orteil, 2ème, 3ème, 4ème et 5ème.

Passons maintenant au côté gauche.
Pouce de la main gauche, 2ème doigt, 3ème, 4ème, 5ème doigt.
Paume de la main, poignet, coude, épaule, aisselles. Taille à gauche, hanche, cuisse, genou, mollet. Cheville, talon, plante du pied, gros orteil, 2ème, 3ème, 4ème, 5ème.
Le devant du corps.
Clavicule droite, clavicule gauche, poitrine droite, poitrine gauche, milieu de la poitrine. Nombril, abdomen, bas ventre.

Passons maintenant au dos.

Arrière de la tête, nuque, omoplate droite, omoplate gauche, colonne vertébrale, les muscles du dos à droite, puis à gauche, fessier droit, fessier gauche, ensemble du dos.

Passons à la tête.

Dessus de la tête, cuir chevelu, crane, cerveau, front, sourcil droit, sourcil gauche, espace entre les deux sourcils. Œil droit, œil gauche. Tempe à droite, tempe à gauche. Le nez, prenez conscience de votre nez, le bout du nez. Joue droite, joue gauche, lèvre supérieure, lèvre inférieure, intérieur de la bouche, la langue, les mâchoires, le menton, le cou.

Ensemble du bras gauche, ensemble du bras droit.
Le devant du corps, l'ensemble du dos, la tête.
Les 2 bras, les 2 jambes, le devant et le dos, toute la tête.
Tout le corps de la tête aux pieds. Tout le corps. Tout le corps.

LE SANKALPA

*« Allaiter est agréable et facile,
c'est le plus beau cadeau que je peux offrir à mon bébé »*

Le terme sankalpa se traduit par « résolution », « parole de vérité ».

C'est une méthode puissante qui est placé après la première phase de la relaxation et qui est répétée également à la fin de la séance, juste avant de reprendre conscience du monde extérieur.

C'est un mot, une courte phrase positive, une résolution personnelle qui sera répétée mentalement trois fois de suite avec détermination et conscience.

On peut l'utiliser pour modifier son mode de vie, éliminer ses conflits intérieurs, réaliser ses ambitions. Le sankalpa s'imprègne dans l'inconscient au moment où l'esprit est le plus réceptif.
Prenez le temps de penser à ce que vous souhaitez le plus dans votre vie, ce qui vous tient profondément à cœur, ce qui est important, primordial pour vous. Prenez bien le temps d'y réfléchir.

Le but du sankalpa est d'imprimer un message dans votre conscience afin de vous aider à réaliser un objectif, un changement physique, de canaliser vos forces, de corriger un trait de caractère, d'améliorer votre personnalité. Ce peut être également la recherche d'une relation plus harmonieuse avec un proche ou un groupe de personne.

Prenez le temps de définir soigneusement votre résolution, car lorsque celle-ci est ancrée, il est absolument certain que votre résolution se réalisera dans votre vie.

Ce sankalpa doit être formulé au temps présent et de manière positive. Exemple :"Je suis dynamique" et non pas "je ne suis plus paresseux" ou bien "j'ai" et non pas "j'aurais". Si la tournure de la phrase ne vous convient pas vous pouvez également y établir une progression : « de jour en jour, je suis de plus en plus généreuse ». Ce peut être aussi un mot : harmonie, paix, …

Résumez votre résolution en une phrase courte, simple et facile. Cette résolution est personnelle, elle ne doit concerner aucune autre personne.

Visualisez bien les images qui apparaissent dans votre mental. Voyez-vous dans la situation que vous désirez… Voyez bien les détails… Imaginez que ce que vous souhaitez est déjà réalisé…

Laissez raisonner ces images, ses mots, imprégnez-vous en bien dans votre cœur ;
Au fur et à mesure des séances vous éprouverez le besoin de l'affiner, de la préciser, peut-être même de la remplacer, ceci est naturel. Les premières résolutions sont souvent imparfaites. La résolution permet une véritable découverte de soi, ainsi que de ses objectifs profonds

Maintenant, vous allez répéter 3 fois votre résolution, votre sankalpa.

MÉDITATION DE CŒUR A CŒUR

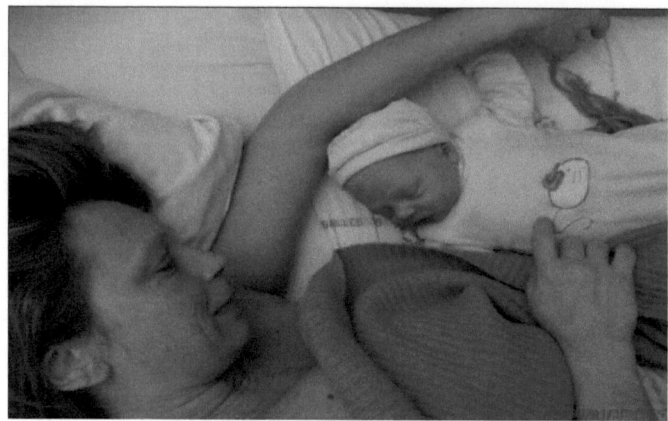

Placez votre attention à l'intérieur de votre corps.

Prenez conscience de votre corps, de tout votre corps, de ce qui se passe dans tout votre corps. Accueillez vos sensations, vos perceptions corporelles, acceptez les telles qu'elles sont, de nature agréable ou désagréable. Accueillez-les de façon bienveillante et détachée... Ne les cherchez pas particulièrement, laissez les sensations venir d'elles-mêmes.

Déployez votre conscience à l'intérieur de tout votre corps... Si c'est nécessaire, s'il existe des zones bloquées dans votre corps s'il y a une tension, une douleur, amenez votre souffle dans cette région et faites la respirer. Votre respiration va redonner de la vie à cette région, respirez, apporter y le prana, l'énergie vitale...

Puis maintenant, focalisez votre attention sur la région de votre cœur, votre poitrine, votre cage thoracique. Prenez bien conscience de cette partie du corps, de ce qui se passe dans cette région. Si le fait de visualiser le cœur est difficile, vous pouvez aussi l'imaginer, physiquement ou symboliquement, un beau et tendre cœur, tout doux, rose ou rouge, doux et soyeux, chaleureux ; prenez tout le temps nécessaire.

Que ressentez-vous ? Y a-t-il des mots, des images, des sensations qui viennent s'associer à cette partie du corps ?

Prenez conscience des battements de votre cœur.

Laissez-vous aller en parfaite harmonie avec votre cœur. Respirez à travers votre cœur, laissez le prana apporter l'énergie vitale à votre cœur, imaginez qu'il vient le nourrir, le bercer.

Prenez également conscience de la fonction du cœur, du « cœur psychique », de la notion d'amour, des émotions qui viennent du cœur, de sa fonction aux relations aux autres. S'il a, dans le passé, été heurté, blessé, meurtri, consolez le comme on console son enfant ou son ami. Adressez-vous directement à lui, dites-lui que vous savez ce qu'il a subi, amenez lui de la douceur, de la bienveillance.

Remerciez-le de vous accompagner dans cette vie, mais aussi d'avoir pu donner la vie. Maintenant vous êtes deux cœurs psychiques en complète osmose. Même si ce bébé n'est plus en vous aujourd'hui, vos cœurs sont encore en contact permanent.

Je suis toujours en totale intimité avec mon bébé, mon cœur peut lui envoyer de la chaleur, de l'énergie, des messages de calme, d'harmonie et de réconfort.

Je sais faire venir cette harmonie vitale, je me détends d'avantage pour lui envoyer plus de présence ensemble.
A chaque respiration je me rapproche de lui, je lui apporte calme et réconfort.
J'inspire dans mon cœur de la tendresse et de la douceur.
A l'expiration, j'envoie à mon bébé des messages de reconnaissances, de tendresse, de confiance, d'amour. Simplement un message de symbiose, d'harmonie et de calme qui règne en moi en ce moment et qui par simple osmose rayonne en lui. Vous êtes en contact direct avec lui, vous vivez à chaque instant sa présence, par chacun de vos

gestes, par chaque pensée, vous lui adressez de la bienveillance, de l'amour, des pensées de tendresse.

Inspirez profondément et en expirant, envoyez lui de la chaleur, de l'énergie.

Envoyez à votre bébé des messages de reconnaissances, de tendresse, de confiance, d'amour. Dites-lui que vous êtes là, protectrice, il est bien. Tout simplement bien.

Je vis pleinement cœur à cœur avec mon enfant, source de joie de bonheur.

Puis maintenant, vous allez quitter cette relaxation, cette visualisation…

Votre respiration est calme et régulière, votre ventre se soulève et s'abaisse.

Inspirez profondément, expirez lentement.

Inspirez en ouvrant les yeux.

MÉDITATION « JE NOURRIS MON BÉBÉ »

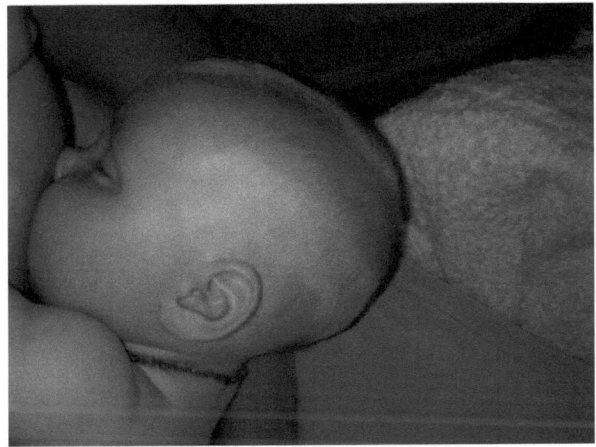

Prenez votre temps pour vous installer confortablement, vous avec votre bébé.

Observez simplement cette sensation de symbiose, d'harmonie et de calme qui règne en vous en cet instant et qui par simple osmose rayonne sur votre bébé.

Vivez pleinement ce moment avec votre enfant, source de joie de bonheur. Cette relation est déjà rayonnante, lumineuse.

Vous êtes à l'écoute de vous-même, vous êtes à son écoute.

Votre respiration est calme et régulière, votre ventre se soulève et s'abaisse.

Inspirez profondément, expirez lentement.

Même si aujourd'hui vous êtes en train de construire une nouvelle histoire entre vous et votre bébé, que parfois vous avez des difficultés à comprendre et traduire ses demandes, rappelez-vous que vous êtes la personne parfaite pour s'occuper de lui et que vous allez dorénavant grandir ensemble.

Votre corps est déjà prêt à répondre à tous les besoins de votre bébé, il alimente déjà votre bébé par votre lait maternel. Votre corps sait déjà s'adapter à la quantité de lait qu'il doit produire, il sait donner la composition parfaite de lait pour votre bébé.

Votre corps est le seul qui puisse vraiment répondre aux besoins de votre enfant, non seulement alimentaires, mais aussi de sécurité, de protection, d'écoute.

Remerciez votre corps, dite- lui que vous allez vous en occuper régulièrement, que vous savez combien c'est important de savoir s'écouter, s'observer, se faire confiance.

Maintenant, amener un sentiment de paix intérieure, prenez là, et distribuez là dans tout votre corps. Si ce n'est pas ce que vous ressentez, prenez ce qui vient et accueillez le avec bienveillance.
Puis cette sensation de paix, adressez la à votre enfant. Dédiez lui cette méditation et adresser lui de la paix et tout ce dont il a besoin.
Dites également à votre bébé qu'il peut vous faire confiance, vous allez vous occuper de lui au mieux et il va pouvoir être heureux.

Remerciez votre enfant, dites-lui que vous êtes reconnaissante pour tout ce qu'il a déjà fait.
Maintenant vous allez pouvoir quitter cette méditation …
Portez votre attention sur votre souffle.
Notez la sensation sur les narines.
Inspirez un peu plus profondément…
Puis expirez lentement.
Comment cela s'est-il passé ?
Qu'avez-vous ressenti ? Qu'avez-vous noté…
Vous pouvez ouvrir les yeux lentement,
Un sourire se pose-t-il sur vos lèvres ?

CONCLUSION

Abordée sous l'angle des Yoga Sutras de Patanjali, aussi bien par les conseils, les postures, les respirations et les méditations, le yoga va ré-harmoniser le corps et l'esprit de la jeune maman pour lui rendre sa nature originelle et sa réalisation dans le maternage.

Car si nous revenons à l'essence même de la maternité, chaque mère est là pour aimer et accompagner son enfant dans la vie. Et l'allaitement est certainement l'une des meilleures continuités qu'il peut y avoir pour un nourrisson qui sort de ce nid douillet, l'utérus. Ce contact intime, particulier à l'allaitement, accompagne la mère et l'enfant dans le premier stade de séparation qu'est la naissance, il engendre un sentiment de ne faire qu'un avec son enfant et continue de satisfaire les propres besoins de chacun.

Et ce simple fait d'allaiter «dans de bonnes conditions » amène spontanément la maman vers un état de Rasa qui signifie dans un langage courant, le nectar divin. Rasa rassemble beaucoup de significations en sanskrit, il est assimilé au goût pour la vie, mais aussi au nectar, la partie la plus belle ou le premier ou de quoi que ce soit, l'essence, la sève ou le jus d'une plante, d'un fruit. Ce terme exprime également une joie et un plaisir profond que l'on peut ressentir en écoutant une musique ou un spectacle lorsqu'il touche notre âme intérieure. On pourrait le résumé par un état extatique par l'identification spirituelle à un « objet extérieur ».

En effet, l'ocytocine, sécrétée lors de l'allaitement, est également considérée comme l'hormone de «l'extase» (au sens médical du terme) et est plus largement associée aux comportements affiliatifs qui permettent l'établissement de liens entre individus au sein d'une même espèce. A chaque tétée, elle se libère dans le corps de la mère et donne une sensation de satisfaction et de réalisation totale, ce qui facilite la relation d'amour entre une mère et son nourrisson.

C'est certainement cet état de «réalisation», «d'union» que tout yogi recherche dans sa pratique quotidienne et selon nos convictions personnelles, nous pouvons la nommer Dieu, l'Energie Cosmique, la Force Supérieure, la Nature. L'allaitement est aussi un état intense qui se vit (s'il est conduit en toute conscience) comme une fusion totale dans le don et l'amour avec son enfant et donc avec la Source Suprême de Vie. Pour s'en convaincre, il suffit de regarder une mère et son enfant en fin de tétée, pour découvrir leurs visages souriants et comblés...

Et de là à faire un parallèle et constater cette étonnante similitude entre l'état de rasa que peut nous procurer l'allaitement avec le dernier stade des Yoga Sutras de Patanjali, le samadhi (qui lui est sans « raison externe »), cet état extatique de grande paix intérieure où le mental s'est calmé et où l'on ne fait plus qu'un avec l'expérience du moment présent...

« *Dès que vous êtes dans cet état, la partie, qui est consciente en vous-même, s'établit dans un état de paix et de calme, ce qui correspond d'ailleurs à sa vraie nature.* »

Yoga Sutras de Patanjali, chap. 1
Traduction et interprétation de L. COUDRON

TABLE DES MATIÈRES

Remerciements..3

Préambule..4

INTRODUCTION..5

La naissance et l'importance de la tétée..9

Les réflexes..9

Les avantages de l'allaitement..12

    Pour le bébé...12

    Pour la maman...15

Le processus de la lactation..17

Anatomie du sein..17

La lactogénèse..21

    La lactogénèse de type 1..21

    La lactogénèse de type 2..23

Le lait..24

Impact du yoga sur l'allaitement..26

LES YOGA SUTRAS..32

POUR ALLAITER...32

Les règles de conduite...34

Yama, l'attitude juste...34

Niyamas, les observances..45

Les postures...60

Remobiliser le bassin..63

....66

Soulager la partie haute du corps..67

Solliciter la colonne vertébrale..70

LE SOUFFLE...77

LA RESPIRATION..79

LES RESPIRATIONS YOGIQUES...85

DE LA RELAXATION A LA MÉDITATION..88

    QUELQUES EXEMPLES...92

RELAXATION..93

    ROTATION DE LA CONSCIENCE DANS TOUT LE CORPS................................96

    LE SANKALPA..98

    MÉDITATION DE CŒUR A CŒUR..100

    MÉDITATION « JE NOURRIS MON BÉBÉ »..103

CONCLUSION...105

Oui, je veux morebooks!

I want morebooks!

Buy your books fast and straightforward online - at one of the world's fastest growing online book stores! Environmentally sound due to Print-on-Demand technologies.

Buy your books online at
www.get-morebooks.com

Achetez vos livres en ligne, vite et bien, sur l'une des librairies en ligne les plus performantes au monde!
En protégeant nos ressources et notre environnement grâce à l'impression à la demande.

La librairie en ligne pour acheter plus vite
www.morebooks.fr

OmniScriptum Marketing DEU GmbH
Heinrich-Böcking-Str. 6-8
D - 66121 Saarbrücken
Telefax: +49 681 93 81 567-9

info@omniscriptum.com
www.omniscriptum.com

Printed by Books on Demand GmbH, Norderstedt / Germany